KARL VALENTIN

VOL EN PIQUÉ
DANS LA SALLE
ET AUTRES TEXTES

Traduction
de Jean-Louis Besson
et de Jean Jourdheuil

*Édité avec le concours
du Centre national des Lettres*

D1434787

COLLECTION « THÉATRALES »

DANS LA MÊME COLLECTION

« THÉÂTRALES »
Collection dirigée
par Jean-Pierre Engelbach et Jacques Pellissard

Ligue française de l'enseignement et de l'éducation permanente.
FÉDÉRATION NATIONALE DE THÉÂTRE.
Maquette : Yves Raynaud.

2

LE CLOWN DU QUOTIDIEN

1905. Les cabarets enfumés de Munich. Une sorte de clown est là avec ses acolytes. Il s'appelle Valentin. A la foi débonnaire et saisissant, il fait rire, beaucoup rire. Mais c'est d'un rire en profondeur qu'il s'agit ici. Mélange intime d'excès surprenant et de fausse conformité, Valentin fait rire en se faisant le miroir des gens qui le regardent, et son attaque du bon sens bourgeois à travers ses tics quotidiens, ses manies, son souci du qu'en dira-t-on est souvent énorme, virulente, inquiétante parfois.

Tombé dans l'oubli, Valentin a sans doute besoin de références actuelles pour être mieux décrit. On pourrait alors dire qu'il a beaucoup d'enfants, qu'il est le père spirituel de Buster Keaton (pour le jeu, un certain « surréalisme »), de Groucho Marx (pour les ruptures de style, les complications progressives jusqu'à l'absurde), de Raymond Devos (pour les mots, l'écriture), et de bien d'autres...

Précurseur de ce que nous connaissons bien au théâtre aujourd'hui, Valentin innove tout ce qu'il touche ; l'effet de surprise, d'étrangeté, les ruptures de ton, de jeu, tous ces éléments qui constituent la base des films burlesques américains et de l'entreprise de dénaturalisation du jeu menée par Brecht, sont présents sous les traits de ce grand clown du quotidien.

Il faut vérifier Valentin pour savoir ce qu'il représente vraiment. Le vérifier en public. C'est après avoir monté un spectacle de ces textes avec les étudiants de l'INSAS à Bruxelles en avril 1977, que j'ai vraiment réalisé l'importance et l'efficacité de ce que Brecht appelait

« l'une des figures intellectuelles les plus pénétrantes de l'époque ».

Karl Valentin — auteur-comédien, ce qui mérite d'être souligné — m'a permis à deux reprises d'effectuer un retour aux sources du jeu théâtral, et du plaisir qui s'en dégage. Un premier montage mettait en évidence la petite bourgeoisie de l'entre-deux-guerres. Aidés par Valentin qui porte un regard « de l'intérieur », comme dit Jean-Louis Besson, sur une classe sociale trop ignorée au théâtre, nous présentions des personnages saisis par le vertige et la peur, confrontés à des situations progressivement inextricables ou à des circonstances professionnelles et privées qui induisent un comportement excessif, anarchique, voire terroriste. Par le biais d'un travail sur la voix, le masque, le corps, qui amplifiait le jeu des comédiens, nous tentions de trouver une sorte de miroir de société déformant, corrosif, grotesque et tragique à la fois.

Le deuxième montage, qui reprenait la plupart des textes publiés dans cette édition, se jouait et jouait des limites du théâtre. Un cabaret insolent, mais sans prétention, mystificateur et démystifiant à la fois, qui dévoilait les artifices et les pannes d'une représentation. Valentin nous est nécessaire dans la mesure où il interdit toute sagesse, toute rigidité. Il permet et impose à la fois la table rase de tout ce qui a précédé, il tue (par le rire) les maîtres, les pratiques installées et nous laisse ensuite comme des orphelins face à un grand néant et à tous les possibles. C'est lui — avec bien sûr ses « petits-cousins » bavarois, Marie-Louise Fleisser et Kroetz — qui m'a permis d'aborder Achternbusch, et bien d'autres, et Brecht à nouveau. Mais l'après Valentin, c'est aussi la nostalgie de Valentin...

On finira par savoir son influence sur Brecht. Il suffit de visionner quelques-uns des films qu'il a tournés pour comprendre. Valentin ne joue pas de deuxième

4

degré, le non-dit d'un texte : il est ce deuxième degré. Cette impavidité qu'il promène à travers ses petites pièces en un acte, la manière dont son personnage excède systématiquement un comportement logique et populaire, tout cela donne la possibilité de faire un travail théâtral qu'il nous paraît maintenant superflu de « réactualiser ». Valentin sera d'autant plus surprenant, nouveau, si nous nous efforçons de le présenter tel qu'il est, sous la forme d'une galerie de portraits.

Philippe Van Kessel,
janvier 1985.

SOMMAIRE

VOL EN PIQUÉ
DANS LA SALLE

(Sur la scène se trouve l'avion.)

L'Imprésario (Liesl Karlstadt) : Mesdames et messieurs ! Vous avez aujourd'hui le plaisir rare de pouvoir assister aux démonstrations de vol en intérieur du célèbre maître aviateur, monsieur Lorenz Fischer. Des démonstrations de vol en plein air à la Pégoud, Udet, etc., ne sont plus aujourd'hui des curiosités. Il en va tout autrement des démonstrations de vol de monsieur Lorenz Fischer. Celui-ci est capable, grâce à l'invention de son monoplan électro-liliput sur le modèle « Fokker », de réaliser des circuits aériens et des vols en piqué dans les salles les plus petites, et ce sans garantir l'honorable public contre d'éventuels accidents. Lors des tournées qu'il vient justement de terminer à Hanovre, Hanau, Halle, Holland, Heilbronn, Hellabrunn, etc., monsieur Lorenz Fischer a reçu de nombreuses médailles.

L'Aviateur (Karl Valentin) *(montre ses médailles)*

L'Imprésario : Monsieur Lorenz Fischer va maintenant tout de suite mettre son appareil en route et commencer son exhibition. Les démonstrations en vol consistent :
1) Vol en courbe à la verticale sur un triangle circulaire horizontal.
2) Chute en saut périlleux géométriquement octo-angulaire dans un cône à air offrant une résistance de quatre-vingts pour cent. Pour terminer le terrifiant vol de l'aigle à cent cinquante kilomètres à l'heure.

L'Aviateur *(s'est appuyé sur l'hélice, glisse, ne*

sait pas où mettre sa main, la fourre finalement dans sa mitaine)

L'Imprésario : Pendant la totalité de ses vols, monsieur Lorenz Fischer établira une liaison sans fil avec l'Opéra de Londres et l'assistance aura donc ce soir l'occasion d'entendre par haut-parleurs l'opéra qui se donne à Londres. Au programme aujourd'hui à l'Opéra de Londres : « Le Meunier et son enfant »* Par expérience, et conformément au décret de la préfecture de police, nous demandons instamment à l'assistance de rester tranquillement assise pendant les vols, sans avoir peur, et nous prions les très honorables dames présentes de bien vouloir ôter leurs chapeaux. Monsieur Lorenz verse une prime de cent à deux cents marks à tout aviateur qui sera capable...

L'Aviateur *(Chuchote à l'oreille de l'imprésario.)*

L'Imprésario : ...et même jusqu'à trois cents marks, qui sera capable d'entreprendre ne serait-ce que le plus petit vol sur cet appareil. S'il vous plaît !

L'Aviateur *(Retire ses mitaines, boit dans une chope qui est dans l'avion.)*

L'Imprésario : Mais c'est effroyable !

L'Aviateur : Où est l'homme des projecteurs ?

L'Imprésario : Éclairagiste, venez voir, il faut faire le noir dans la salle et remonter les lampes.

L'Aviateur : Oui, et toujours éclairer d'avance là où je vais voler, c'est-à-dire faire le suiveur, mais en avant, avec la lumière.

(L'éclairagiste allume le projecteur.)

L'Aviateur : Plus vite, plus fort !

L'Imprésario : Plus intense, plus puissant ! Voilà, comme ça ! Maintenant, lancez le moteur.

---

* Drame populaire de Ernst Raupach, 1784-1852.

L'Aviateur *(lance l'hélice, ça ne marche pas) :* Mais, qu'est-ce qui se passe ?

L'Imprésario *(essaie lui aussi, ça ne marche pas) :* Mais qu'est-cc qui se passe ?

L'Aviateur : Je ne sais pas, ça marchait si bien, il y a huit ans.

L'Imprésario *(essaie de nouveau de lancer l'hélice, en vain)*

L'Aviateur : C'est parce qu'il est toujours dehors dans le couloir, et ces sales gosses jouent toujours avec. *(Il gonfle un pneu et enguirlande l'éclairagiste.)* C'est aussi qu'il n'éclaire pas bien partout.

L'Imprésario : Pourquoi est-ce que vous ne vous êtes pas occupé de votre appareil ? On fait ça avant !

L'Aviateur : Avant, je ne savais pas qu'il ne marchait pas. *(Il soulève le capot.)* Il nous faut un nouveau cierge, une chandelle euh, une bougie.

L'Imprésario : Ah bon, c'est quoi ?

L'Aviateur : Aujourd'hui ? C'est samedi.

L'Imprésario *(au public) :* Un moment, s'il vous plaît.

L'Aviateur : Moi aussi, je suis désolé. Mon Dieu, mais le tramway aussi ça lui arrive d'être en panne.

L'Imprésario : Avant que ça commence je m'échine à faire de belles phrases et après ça ne marche pas.

L'Aviateur : Il ne faut jamais le faire avant que ça commence. Maintenant, relancez le moteur !

L'Imprésario *(lance de nouveau le moteur)*

L'Aviateur : C'est la bielle mère qui a foutu le camp. *(Il crie.)* Belle-maman !

L'Imprésario : Ne criez donc pas comme ça, où est notre boîte à outils ?

L'Aviateur : Mais nous n'avons pas de boîte à outils.

L'Imprésario : Mais si, elle est dans le hangar.

L'Aviateur : Mais nous n'avons pas de hangar.

L'Imprésario : Allons donc ! *(Il lance de nouveau le moteur, ça démarre. Un sifflet retentit.)* Que tout le monde reste assis ! *(Il donne à l'aviateur le signal du départ.)*

Le Directeur *(traverse la salle en faisant beaucoup de bruit et en vitupérant)* **:** Halte ! Ne volez pas ! Coupez ! Ça ne va pas ! Coupez ! Arrêtez !

L'Imprésario : Mais allez-vous en, vous gênez !

L'Aviateur : Je ne peux pas décoller !

Le Directeur : Je vous ordonne de couper et d'arrêter !

L'Imprésario : Je ne comprends pas un mot.

L'Aviateur *(fait toujours repartir le moteur)*

L'Imprésario : Coupez-moi donc cet appareil, je ne sais pas de quoi il s'agit.

L'Aviateur : C'est coupé, mais il y a toujours l'étincelle dedans.

Le Directeur : Alors, retirez-la, l'étincelle.

L'Aviateur : Bien sûr, et je vais me brûler les pattes à cause de vous !

Le Directeur : Qu'est-ce qui vous prend de voler dans un théâtre avec un moteur à essence, dites-moi, n'êtes-vous pas demeuré ?

L'Aviateur : Non, non je suis d'ici.

Le Directeur : Je croyais que c'était une chose tout à fait inoffensive et vous, vous vous amenez avec un moteur à essence.

L'Aviateur : Oui, on ne peut pas voler avec de la salade de pommes de terre.

Le Directeur : Rendez-vous compte, si une goutte

d'essence se met à goutter ; toutes les dames ici ont des robes élégantes.

L'Aviateur : Ce n'est pas très dangereux.

Le Directeur : Et vous êtes insolent par dessus le marché !?

L'Aviateur : Oui !

Le Directeur : Si une robe est foutue, vous payez les dégâts ?

L'Aviateur : Non.

Le Directeur : Alors, pas question de voler.

L'Imprésario : Il ne peut rien arriver, nous avons un filet. Amenez le filet. *(Quelqu'un apporte le filet.)* Voilà, maintenant on va tendre ça au-dessus du public et comme ça tout le public sera sous tension.

L'Aviateur : Oui, fixez-le partout avec des punaises.

Le Directeur : Mais qu'est-ce que vous croyez, avec ce filet vous pouvez tout au plus attraper des coccinelles.

L'Aviateur : En hiver, il n'y a pas de coccinelles.

L'Imprésario : Alors, enlevez-le puisque ça ne sert à rien.

Le Directeur : Mais ce filet est bien trop mince et il a des mailles bien trop larges, vous passeriez au travers.

L'Aviateur : Oui, mais c'est tout de même mieux que rien.

Le Directeur : Mais si vous traversez le filet avec votre grosse machine il y aura au moins dix personnes de foutues !

L'Aviateur : N'exagérez pas tout comme ça, dix personnes ! Maximum deux ou trois.

Le Directeur *(à l'imprésario)* **:** C'est vous le responsable ! C'est bien vous l'imprésario ?

L'Imprésario : Hein ?

Le Directeur : C'est bien vous l'imprésario ? Vous m'aviez présenté la chose comme étant absolument sans danger, comment avez-vous pu faire ça ? Allez, donnez-moi une réponse ! *(à l'aviateur) :* Dites, vous, c'est lui votre imprésario ?

L'Aviateur : Ah bon, lui ? Enchanté !

Le Directeur : Il est complètement idiot !

L'Aviateur : Hélas, un jour une hélice l'a frôlé et depuis il est brindezingue.

Le Directeur : Ils sont plus bêtes l'un que l'autre. Allez, disparaissez avec votre appareil, pas question de voler ici. Quittez la scène ! Vous croyez qu'on va vous laisser briser toutes nos lampes et tous nos lustres, vous croyez qu'on va se laisser mettre en prison à cause de vous ?

L'Imprésario : Mais vous, vous y êtes déjà allé en prison !

Le Directeur : Allez ouste, déguerpissez,, sinon je vous fais faire un vol plané, moi ! *(Il sort.)*

L'Imprésario : Nous voilà bien !

L'Aviateur : Nous voilà comme l'enfant devant l'avion ; j'ai tout de suite pensé quand il est entré qu'il allait rouspéter.

L'Imprésario : Je n'y suis pour rien. Je me suis dit que peut-être...

L'Aviateur : Se le dire et s'envoler, ça fait deux.

L'Imprésario : Vous savez qu'il n'a pas complètement tort, c'est quand même assez petit ici, trop petit, ce serait franchement mesquin de voler ici partout.

L'Aviateur : C'est trop effroyablement petit, on n'aurait pu que voler tout doucement.

L'Imprésario : Moi, je dis qu'il se serait peut-être quand même passé quelque chose si on avait volé.

L'Aviateur : Parce que... C'est sûr...

L'Imprésario : Une chose comme ça il faut la présenter en plein air et pas dans un théâtre, dehors en rase campagne, sur la prairie du champ de foire...

L'Aviateur : Vous ne pouvez tout de même pas exiger que les gens nous suivent maintenant sur la prairie. Vous n'avez qu'à vous excuser, dites que nous aurions voulu voler, mais que le directeur est venu.

L'Imprésario : Inutile de dire tout ça, tout le monde l'a entendu.

L'Aviateur : Peut-être qu'il y en avait un qui était sorti justement.

L'Imprésario : Très honorables dames —

L'Aviateur : Dites-le simplement à l'assistance.

L'Imprésario : Je suis assez grand pour savoir ce que je dois dire. — Très honorables dames.

L'Aviateur *(fait repartir le moteur, l'avion que Valentin a du mal à retenir se met en mouvement. L'imprésario s'écarte rapidement.)* : Il s'enfuit, cet idiot. Si je ne l'attrape pas maintenant, c'est foutu, si derrière la porte est ouverte, adieu Berthe.

L'Imprésario : Très honorables dames et...

L'Aviateur *(lance de nouveau l'hélice)*

L'Imprésario : C'est une irresponsabilité sans pareille, je suis en plein milieu, devant l'appareil, vous vous rendez compte de la catastrophe qui pourrait se produire — Merci bien !

L'Aviateur : A votre service, à votre service !

L'Imprésario *(voudrait parler, se retourne et est épouvanté. Valentin ne peut plus maîtriser l'appareil, il s'y cramponne des deux mains et le suit en faisant des petits bonds)* : Derrière moi il faut un silence absolu, sinon je ne peux pas parler.

13

L'Aviateur : Le silence derrière vous, vous n'avez qu'à vous en occuper vous-même.

L'Imprésario : Voilà que je suis devenu tout nerveux. — Très honorables dames et messieurs ! Vous avez vu notre bonne volonté, nous voulions absolument voler, mais la direction vient de nous l'interdire formellement. Bien sûr, je suis infiniment désolé, vous aussi, vous devez être désolés !

L'Aviateur : Tout le monde est désolé !

L'Imprésario : Mais comme je l'ai dit, mon humble personne, bien sûr, ne peut plus rien y faire. Je prie les honorables spectateurs présents de bien vouloir nous excuser mille fois. Vous le voyez, nous voulions voler, mais nous n'avons pas le droit.

L'Aviateur : Si, on a le droit. Dès demain…

Le Directeur (*arrive en courant du fond de la scène*) : Non, vous n'avez pas le droit, en aucun cas ! Déguerpissez !

L'Imprésario : Tiens, le voilà qui rapplique. Venez, on s'en va.

L'Aviateur : On verra ce qu'on verra, peut-être qu'un jour vous serez content de trouver des numéros comme ça. Nous avons déjà essayé de voler dans d'autres théâtres, mais là aussi on nous l'a interdit !

L'Imprésario : Venez, ne vous énervez pas.

L'Aviateur : Ça ne se passera pas comme ça, ce n'est pas vous qui dépendez de nous, mais nous de vous, mettez-vous bien ça dans la tête !

LE PIED DE L'ARBRE DE NOËL

(De pauvres petites gens veulent fêter Noël, avec six mois de retard. La scène représente leur intérieur misérable. Par la grande fenêtre du milieu on a vue sur un splendide paysage de printemps avec des arbres en fleurs. Les ustensiles du ménage sont dispersés pêle-mêle : un tricycle d'enfant contre le mur du fond, recouvert d'un vieux sac, une commode avec de la vaisselle cassée, un gramophone et un vieux poêle en fer, aux murs une horloge de cuisine, des chromos bon marché et un trombone à coulisse, un téléphone non mural, des buvards. Un nécessaire à tricoter, avec de la grosse laine, complète le désordre. On se rend compte qu'il s'agit d'un jour de fête à la tarte couverte de chantilly qui a l'air fort appétissante, posée sur une chaise près de l'armoire à vêtements. Le crépuscule tombe peu à peu. Avant le lever du rideau on entend le gramophone jouer : « Oh Noël de joie, de félicité et de grâce. »)

La Mère (Liesl Karlstadt) *(est assise à une petite table ronde au milieu de la scène, vêtue d'une modeste robe d'intérieur, avec un tablier bleu et des pantoufles, sous la lampe à pétrole démodée, suspendue au plafond ; en pleurant elle s'est mise la tête entre les mains et elle dit)* : Les cloches de Noël sonnent; oh, si j'avais pu ne plus jamais vivre ce jour. Je ne peux plus avoir aucune joie. Mon fils, mon Alfred, n'est plus auprès de moi, il est parti dans un pays lointain dont il ne reviendra sans doute jamais. Ah, Alfred, pourquoi m'as-tu fait ça ! Il est allé à Oberammergau, il voulait devenir guide pour les touristes ; mais lorsqu'il est arrivé à Oberammergau, les Jeux de la Passion étaient déjà terminés depuis longtemps. Ah, Alfred, tu n'aurais rien pu inventer de plus stupide. Mes vieux yeux sont las à force de pleurer et sa photo est déjà couverte de poussière, je ne peux même plus le voir ! *(Elle crache sur la photo et l'essuie avec son mouchoir.)* — Bon, maintenant c'est mieux, maintenant il jette de nouveau un regard si frais sur le monde que c'en est une joie. *(Elle jette à plusieurs reprises le portrait en l'air.)* Hé oui ! — *(Elle s'allume un cigare.)* Qu'est-ce que mon mari peut bien faire si longtemps ? Mon bon mari — j'ai envoyé aujourd'hui ce hibou mollasson au Marché aux Victuailles, pour qu'il rapporte un petit arbre de Noël pour les petits enfants, et voilà que depuis tout ce temps il n'est pas encore rentré. Je crois qu'il ne retrouvera plus le chemin de la maison, ce vieil idiot. Il ne lui est certainement rien arrivé. Il est déjà si tard, le soleil ne va pas tarder à se lever. Un — deux — trois — Ah le voilà déjà. Il faut tout de même que j'aille voir où il peut encore traîner en ce moment.

(Elle prend le téléphone.) Sébastien, où es-tu donc pour l'instant ? Ah bon, au Marché aux Victuailles, tu y vas ? — Tu as déjà un petit arbre de Noël ? — Bon, alors c'est bien. — Mais rentre tout de suite ! Fais attention, quand tu traverses la rue, qu'une femme ne t'écrase pas avec son landau ! *(On frappe.)* Oui, entrez ! Bon, adieu Sébastien, mais reviens tout de suite ! — Je t'attends — Au revoir, Sébastien ! *(On frappe.)* Oui, entrez ! *(Elle raccroche. Au même moment, le père — Karl Valentin — entre avec l'arbre de Noël. Il porte un raglan couvert de neige, des lunettes, un chapeau couvert de neige, des mitaines et un arbre de Noël.)* Ah, mais le voilà ! J'étais à l'instant encore en train de te téléphoner, et maintenant te voilà déjà là !

16

Le Père : Oui, j'ai raccroché tout de suite et je suis accouru tout de suite.

La Mère : C'est bien — tu as le petit arbre, ah il est gentil — splendide.

Le Père : Oh, il est un peu enfantin.

La Mère : De toute façon c'est seulement pour les enfants.

Le Père : Oui, je suis allé dans deux fabriques d'arbres de Noël, et là ils m'ont donné celui-là.

La Mère : Oh, mais il n'a pas de pied d'arbre de Noël, tu l'as perdu ? Je t'ai pourtant dit en toutes lettres d'apporter un arbre avec pied.

Le Père : Ah oui, il n'en a pas.

La Mère : Je le vois bien qu'il n'en a pas.

Le Père : Comment peux-tu le voir, s'il n'en a pas ?

La Mère : Je te l'avais même écrit, un arbre *avec* pied !

Le Père : Ah, ils n'avaient que des arbres avec pied, c'était le seul *sans* pied.

La Mère : Et c'est justement celui-là que tu as choisi ?

Le Père : Mais comme ça il est beaucoup plus naturel, dans la forêt aussi il pousse sans pied.

La Mère : Mais celui-là on en peut rien en faire, je ne peux pas le mettre debout sur la table.

Le Père : Alors cette année on couche, ça fait sept années qu'on met *debout,* maintenant cette année pour une fois on *couche.*

La Mère : Mais je voudrais décorer l'arbre. J'en ai tant parlé aux enfants, j'ai dit que quand tu viendrais le petit Jésus ne tarderait pas à venir non plus. Et voilà qu'il apporte un arbre sans pied ! J'aurais encore préféré que tu n'aies apporté que le pied et pas d'arbre du tout.

17

Le Père : Un pied tout seul n'aurait pas non plus fait plaisir aux enfants.

La Mère : Mais comme ça je ne peux pas le mettre debout !

Le Père : Bon, alors tiens je vais le tenir.

La Mère : Allons, tu ne peux tout de même pas rester comme ça à tenir l'arbre jusqu'à l'Épiphanie.

Le Père : Pourquoi pas, je n'ai rien à faire, je suis chômeur.

La Mère : Mais il y a encore quinze jours d'ici là, tu ne peux quand même pas tenir l'arbre de Noël jour et nuit, il faudra bien tout de même que tu sortes une fois de temps en temps.

Le Père : Alors, je le prendrai avec.

La Mère : J'aimerais bien t'y voir — maintenant tu retournes là où tu as acheté l'arbre, et tu l'échanges, dis-leur de t'en donner un autre.

Le Père : Ben, ben, c'est qu'il est bien content d'avoir casé celui-là.

La Mère : Alors il faut qu'on lui mette un pied nous-mêmes.

Le Père : Oui, je vais chez la concierge, je remonte quelques planches de la cour et on en coupe un bout.

La Mère : Tu n'as qu'à rapporter une petite planche comme ça, et on la fixera.

Le Père : Alors, un bout de planche comme ça.

La Mère : Mais déshabille-toi d'abord.

Le Père : Complètement ?

La Mère : Ton manteau et ton chapeau — mais ne me pose pas le chapeau sur le lit, sinon toute la neige va dégouliner.

18

Le Père : Elle ne va pas dégouliner, c'est de la neige pour arbre de Noël.

La Mère : Allez, va maintenant.

Le Père : Je vais poser ma pèlerine à côté et je vais chercher des planches. *(Il sort.)*

La Mère : Il a rapporté un si beau petit arbre, c'est un bon mari, mais un horrible abruti — il rapporte un arbre sans pied. *— (On entend des cris d'enfants.)* Chut ! — Allons bon, qui est-ce qui a couché l'enfant à l'envers, tout le sang lui monte à la tête. *(Nouveaux cris d'enfants.)* Allons, tais-toi donc — Chien bâtard, arrête donc, il est sûrement encore mouillé. *(Elle pose l'enfant sur la table.)* Oui, oui, je vais te mettre au sec tout de suite. *(Elle prend le tampon buvard et sèche l'enfant avec, l'enfant crie toujours.)* Maintenant, tiens-toi donc tranquille — attends, je vais te jouer une berceuse. *(Elle prend le trombone au mur.)* Bon, mon enfant, maintenant fais bien attention. *(Elle joue « Dodo l'enfant do » etc. A la dernière note l'enfant est endormi. Le père entre avec deux longues planches, s'accroche au plafonnier, renverse tout, la table bascule, le papier tue-mouches lui colle au visage, il en résulte un méli-mélo à désespérer. La mère veut l'aider.)* Tiens, prends l'enfant. *(Elle lui met d'autorité l'enfant dans les bras et va raccrocher le trombone au mur.)*

Le Père : Prends-moi donc les planches !

La Mère : Mon Dieu, comme il tient l'enfant ! Mon Dieu, on n'a jamais vu ça ! *(Elle le libère du tue-mouches, de la lampe, etc.)*

Le Père : Ça va les planches ? Avec ça nous pouvons nous faire des pieds d'arbre de Noël à l'avance pour au moins vingt ans.

La Mère : Qu'est-ce que c'est maintenant que ces longues planches que tu as apportées, il n'y en avait pas de plus longues ?

19

Le Père : Non, c'était les plus longues.

La Mère : Bon, alors va chercher une scie et coupe un bout de planche.

Le Père : Bon, alors maintenant je vais chercher un bout de scie.

La Mère : Et moi, pendant ce temps-là, je chauffe.

Le Père *(entre avec la scie et pose l'arbre de Noël, dans le sens de la longueur, sur la planche)* **:** Ça va donner trois pieds d'arbre de Noël.

La Mère : Oh mon Dieu, oh mon Dieu, le poêle recommence à fumer !

Le Père : Tu as sans doute dû l'allumer.

La Mère : Ne dis pas de bêtises ! Il y a déjà deux ans que je t'ai dit d'aller chercher le ramoneur.

Le Père : Je vais lui téléphoner, tu connais le numéro de la cheminée ? *(Il téléphone.)* Comment ? Nous ne savons le numéro ni l'un ni l'autre mademoiselle.

La Mère : Mais qui est là au juste ?

Le Père : Il y a une erreur de boléro, je crois que c'est le roi Hérode qui vient de parler.

La Mère *(lui arrache l'écouteur des mains)* **:** Mais qui est là ? Comment ? — Ah, bonjour !

Le Père : Mais qui c'est ?

La Mère : C'est la femme du ramoneur ! Bonjour madame l'épouse du ramoneur ! Est-ce que votre mari est chez lui ? Allez, dites-lui de venir ici tout de suite. *(Le père parle dans l'intervalle.)* Dites-lui que chez nous le poêle fume.

Le Père : Il faut qu'il vienne ramoner, et que ça saute.

La Mère : C'est bien ce que je lui dis.

Le Père : Moi aussi, je peux le dire.

La Mère : Alors dis-le lui puisque tu es si malin.

Le Père : Ah, s'il vous plaît, est-ce que vous ne voudriez pas, avec l'échelle, ramoner le poêle chez nous ?

La Mère : C'est idiot, elle sait déjà tout, qu'est-ce qu'elle dit ?

Le Père : Elle dit que c'est tout à fait sûr qu'il viendra peut-être. *(Il pose l'écouteur dans le bac à vaisselle.)*

La Mère : Coupe donc la planche ! *(Elle s'agenouille une fois de plus sur le sol près du poêle. Le père prend la scie et s'assied sur la mère.)* Mais qu'est-ce que tu fais, tu ne vois plus clair, crétin d'aveugle ?

Le Père : Il faut qu'elle soit grande comment la planche au juste ?

La Mère : Mais tu n'as encore jamais vu de pied d'arbre de Noël ?

Le Père : Si, souvent, mais je ne m'en souviens plus très bien.

La Mère : Alors tu n'as qu'à prendre le pied de l'année dernière comme modèle. *(Le père scie la planche, la mère l'aide.)* Fais attention de ne pas te couper.

Le Père *(n'arrête pas de parler)* **:** C'est les enfants qui vont être contents. Ah, voilà qu'il y a un nœud. — *(La mère sort et va chercher le service à café.)* Apporte-moi de la couenne pour graisser. *(La mère va à la table. Il appuie avec la scie sur la planche ce qui la fait se soulever à l'autre extrémité et fait tomber la vaisselle des mains de la mère.)* Je t'avais pourtant dit de tenir la planche.

La Mère : Où as-tu mis la petite planche que tu as coupée ?

Le Père : La voilà. *(Il tient toujours la longue planche à la main. La mère met le pied sur l'autre extrémité. La planche tombe sur les pieds du père.)* Aïe, Aïe, voilà qu'elle est tombée sur le pied.

21

La Mère : Sur quel pied ?

Le Père : Sur notre pied. *(Il soulève la planche et la passe sous la jupe de la mère.)*

La Mère : Mais qu'est-ce que tu fais ? Aujourd'hui, la sainte nuit, faire des choses pareilles.

Le Père : Ça n'est encore que la sainte après-midi.

La mère : Voilà qu'il a coupé une toute petite planche, mais on ne peut pas se servir de ça. Bon, alors prenons la vieille, mais il faut encore que tu y perces un trou.

Le Père : Dans ce cas, je vais chercher la chignole. *(Il le fait et veut percer un trou dans la planche ; la planche n'arrête pas de tourner.)*

La Mère : Allons, laisse-toi aider. On met la planche sur la table, je te la tiens et tu perces. *(Le père perce en parlant.)* Mais ne parle donc pas tout le temps, fait attention au trou !

Le Père : Quoi, je peux bien parler en perçant.

La Mère : Ce n'est pas la peine.

Le Père : Voilà ! *(Il a traversé la planche et la table si bien que la chignole ressort par en-dessous.)*

La Mère : C'est bien de toi ça encore ! Il perce un trou dans la belle table, tu as vraiment de quoi être fier de toi, maintenant la plus belle chose qu'on a chez nous est foutue elle aussi.

Le Père : C'était à prévoir.

La Mère : Et le trou est trop grand, l'arbre de Noël ne tient pas du tout dedans.

Le Père : Mais maintenant on n'a plus besoin de pied. Maintenant on peut planter l'arbre de Noël directement dans la table.

La Mère : Tu aurais pu faire ça tout de suite, comme ça on n'aurait pas eu besoin de pied du tout.

Le Père : C'est bien ce que je dis toujours, et c'est pourquoi j'ai acheté un arbre de Noël sans pied.

La Mère : Allez, décore l'arbre maintenant, accroches-y quelques boules, les enfants s'en réjouissent d'avance.

Les Enfants *(derrière la scène)* : Maman, on peut entrer maintenant ?

Tous les deux : Non, pas avant longtemps.

La Mère : Dépêche-toi donc, les enfants voudraient entrer maintenant. *(Le père suspend quelques boules de verre pour décorer l'arbre de Noël mais, ce faisant il renverse la table et l'arbre.)* Jésus, Jésus, qu'est-ce que tu fais encore ? *(Les enfants se remettent à crier.)* Tout de suite les enfants, ne criez donc pas comme ça ! *(Au père.)* Dépêche-toi donc, met les bougies. *(Les enfants crient une fois de plus.)* Taisez-vous donc — chiens bâtards, misérables !

Le Père : Qu'est-ce qui te prend de dire chiens bâtards à ces avortons ! *(Les enfants crient de plus belle.)*

La Mère : Taisez-vous donc, que le diable vous emporte!

Le Père : Modère-toi donc, que le diable les emporte : si le diable les emporte inutile de faire tout ce travail.

La Mère : Ça ne te regarde pas, dépêche-toi !

Le Père : Oh, ouille, ouille ! *(Il pousse des hurlements horribles.)*

La Mère : Taisez-vous les enfants, votre père est devenu fou. *(Au père.)* Mais qu'est-ce que tu fais maintenant ? *(Le père s'est pincé le doigt dans un porte-bougie.)* Pour l'amour de Dieu, il ne manquait plus que cette catastrophe ! *(Les enfants se remettent à crier.)* Le petit Jésus arrive tout de suite — *(Au père.)* Bon, maintenant tu allume l'arbre et pendant ce temps je porte les enfants.

Le Père : Tu les as déjà portés une fois.

La Mère : Je veux dire que je les apporte ici. *(Elle sort. Le père prend une allumette et allume le bas de l'arbre.)*

La Mère *(entre et se met à crier)* **:** Mais qu'est-ce que tu fais là, tu allumes l'arbre !

Le Père : Tu m'as bien dit d'allumer l'arbre !

La Mère : Mais je voulais parler des bougies.

Le Père : Tu as dit l'arbre.

La Mère : Mais voyons, on dit ça comme ça. *(Elle sort. Le père allume les bougies, fait sonner la clochette et met le gramophone en marche. Les enfants et la mère entrent.)* Voilà les enfants, à présent le petit Jésus est arrivé. *(Ils se mettent tous autour de l'arbre.)*

Les enfants : Ah, ah, qu'il est beau !

Le Père : Allons, il n'est pas si beau que ça.

Tous *(chantent)* **:** Et glou et glou et glou… et un — deux — trois — cul sec !

Le Père : Allons, allons, allons, voilà que j'ai mis les pieds dans un bistrot.

La Mère *(à l'enfant)* **:** Maintenant tu récites ton poème. Tu le sais encore ? Alors tu récites bien pour faire plaisir à ton papa.

L'Enfant : « Traversant les forêts, poursuivant son chemin
Saint Nicolas emporte plus d'un sapin,
Et partout où il passe sur le sol enneigé
Lièvres et chevreuils trouvent de quoi manger.
A peine est-il entré sur la pointe des pieds
Que déjà l'acclame toute la tripotée :
Saint Nicolas, Saint Nicolas,
Que nous as-tu apporté
Qu'est-ce que les anges pour nous t'ont donné ? »

(Pendant ce temps le père et la mère pleurent.)

24

Le Père : Elle l'a très bien récité, très bien !

L'Enfant : Voilà, chère maman, et ça c'est pour toi ! *(Elle offre un bonnet à sa mère.)*

La Mère *(heureuse)* **:** Ah chère enfant, je te remercie ! Regarde papa, comme c'est beau !

Le Père : Oh, des sardines à l'huile !

La Mère : Mais ouvre donc tes mirettes. C'est un bonnet qu'elle m'a offert, il est beau, il se peut que j'en aie absolument besoin. Et tu l'as tricoté toi-même le bonnet ?

L'Enfant : Non maman, je ne l'ai pas tricoté moi-même, je l'ai volé.

Le Père : Mais qu'est-ce que ça veut dire ?

La Mère : Et où l'as-tu volé, ce bonnet ?

L'Enfant : Chez Oberpollinger.

Le Père : Tu as bien fait !

La Mère : Ah bon ! Chez Oberpollinger ? Ah ils ont donc de si beaux bonnets là-bas ? Le brave enfant, maintenant tout est si cher, on ne peut vraiment plus rien acheter.

Le Père : C'est sûr, on y est contraint et forcé.

La Mère : Espérons que personne ne t'a vu !

L'Enfant : Non, maman, personne ne m'a vu.

La Mère : Alors tu y retournes la semaine prochaine et tu m'en rapportes un autre.

Le Père : Et si par hasard tu passes devant chez Henne, tu me prends une Mercedes.

La Mère : Tu es une brave fille, tu es déjà mûre pour le pénitencier. — Tu n'as qu'à continuer comme ça. Tiens, regarde ce que le petit Jésus t'apporte, un accordéon.

L'Enfant : Oh, merci maman !

La Mère *(au deuxième enfant)* **:** Et pour toi une corde à sauter.

Le deuxième Enfant : Oh, merci maman.

Le Ramoneur *(effroyablement grand et mince, avec un haut gibus noir, un pic, une échelle et un balai, entre soudain)* **:** Bonjour tout le monde ! *(Les enfants crient, ils ont peur de lui.)*

La Mère : Tenez-vous tranquilles, les enfants, il ne vous fera rien — *(Au ramoneur.)* Pour l'amour de Dieu, monsieur le ramoneur, on n'a pas besoin de vous maintenant, nous sommes en pleine distribution des cadeaux.

Le Père : Il faut qu'il vienne justement maintenant. J'ai pourtant téléphoné exprès pour que vous veniez demain, jour férié. Spécialement vous qui êtes ramoneur, vous devriez avoir la courtoisie de ne pas racler le poêle maintenant.

Le Ramoneur : Il n'y en a pas pour longtemps. J'aurai bientôt fini. *(Il se met à cogner sur le poêle à grand bruit et à gratter.)*

La Mère : Mais attendez donc un instant, vous voyez bien que nous sommes en pleine distribution des cadeaux, on ne s'entend plus parler tellement il y a de bruit. *(Les enfants font aussi du bruit.)* Mais arrêtez donc, faces de clown.

Le Père : Attendez un instant, monsieur le ramoneur. *(A la mère.)* Regarde, c'est pour toi, ta photographie, je l'ai fait agrandir. *(Il lui tend un dragon en papier.)*

La Mère : Quoi, un dragon ? J'ai l'impression que tu te moques de moi. Qu'est-ce que ça veut dire ? Regarde, papa, mon cadeau de Noël, une motocyclette Cockorell — mais cette année il va encore falloir que tu pédales ; l'année prochaine je t'offrirai le moteur en plus. *(Elle lui donne le tricycle d'enfant qui est sur la scène*

26

recouvert d'une toile. Au ramoneur.) Monsieur le ramoneur, prenez place un instant.

Le Ramoneur : Si je peux me permettre! *(Il s'assied à reculons sur la chaise, sur laquelle se trouve le gâteau à la chantilly.)*

Les Enfants *(crient)* **:** Maman, le ramoneur s'est assis dans le gâteau à la crème !

Le Ramoneur : Jésus Marie ! Il fallait que ça m'arrive juste à la Saint-Jean. *(Il se retourne et essuie avec la main la chantilly qui est sur son pantalon.)*

Le Père *(S'est assis pendant ce temps sur le vélo et roule sur la scène, ce qui fait que tout se renverse — la lampe tombe — il en résulte un effroyable tumulte. La mère et les enfants crient. Il s'arrête soudain, au milieu, bouche bée, étonné, déconcerté.)* **:** Mais qu'est-ce qui vous fait parler de la Saint-Jean ?

Le Ramoneur : Eh bien quoi, aujourd'hui on est bien le 24 juin !

Le Père : Cré bon dieu de bois ! C'est mon calendrier qui retarde !

La Mère : Ah, c'est bien de toi !

Le Père : Tu vois, la vieille, c'est pour ça que j'ai eu l'arbre de Noël si bon marché.

(Rideau.)

DANS LE MAGASIN DE DISQUES

(*Le décor reproduit l'intérieur d'un magasin de disques. Au fond, on voit les vitrines avec des inscriptions à l'envers , derrière lesquelles circulent de temps en temps des passants. Un comptoir longe de l'arrière à l'avant le côté droit de la scène, dessus plusieurs appareils de démonstration, des disques avec et sans pochette en papier sont dispersés un peu partout, les murs sont recouverts d'affiches de publicité pour les disques, devant le comptoir plusieurs tabourets sans dossier, un haut-parleur est fixé sous le comptoir. Dans les rayonnages on voit des caisses à disques et des porte-disques, des appareils de démonstration et des haut-parleurs. Sur une petite table hexagonale aux pieds à torsades d'autres disques-réclame sont posés à la verticale, des prospectus et catalogues de disques ainsi que des imprimés-réclame sont étalés.*

La Vendeuse (Liesl Karstadt) porte une robe foncée avec garniture blanche au décolleté et aux manches. Karl Valentin a des cheveux en grand désordre ; il a manifestement déniché une perruque particulièrement à la diable. Il a le buste dans un pardessus d'été court et clair avec boutonnage sous patte qui est mal boutonné, si bien que le pan avant droit tombe beaucoup plus bas que le gauche, et qu'en haut le col lui aussi est de travers. Un pantalon foncé en tire-bouchon tombe très bas sur des brodequins antédiluviens et informes. Le costume de Karl Valentin est complété par l'inévitable chapeau melon noir et une grosse canne ordinaire en bambou. Il les garde presque constamment à la main et provoque avec eux tous les dégâts possibles. Ses manchettes lui en sortent des manches et il arrive qu'elles volent à travers la pièce. Le vendeur est un jeune homme habillé soigneusement et avec discrétion.)

Karl Valentin : Bonjour ! Donnez-moi un paquet de brunes de troisième catégorie.

Le Vendeur : Chez nous il n'y a pas de cigarettes à vendre.

Karl Valentin : Qu'est-ce qu'il y a alors ?

Le Vendeur : Chez nous il n'y a que des disques et des gramophones.

Karl Valentin : Ah bon ? Dans ce cas donnez-moi un gramophone !

La Vendeuse : Bien, dans ce cas regardez donc voir celui-là, c'est un très bel appareil.

Karl Valentin : Mais il est foutu, il a un trou ! *(Il montre la grille acoustique.)* Et puis j'en voudrais un qui ait là devant une fermeture éclair.

La Vendeuse : Mais les appareils n'ont pas de fermeture éclair.

Karl Valentin : Mais un appareil comme ça n'est vraiment pas pratique. Si on met le doigt là et que le couvercle tombe on peut facilement se pincer.

La Vendeuse : Ah c'est qu'il faut faire attention.

Karl Valentin : Oui mais si on ne fait pas attention ? Et puis en plus on se pique très facilement à cette pointe-là. Vous n'en auriez pas un comme ça avec un entonnoir ?

Le Vendeur : Non, on ne fait plus d'appareils avec pavillon. C'est démodé.

Karl Valentin : Mais c'est justement un comme ça que je voudrais.

29

La Vendeuse : Ah, et pourquoi ?

Karl Valentin : Voyez-vous, c'est que j'ai encore toute une bouteille de Zebrasif à la maison, et j'aimerais bien la finir.

La Vendeuse : Oh, vous lui trouverez bien un autre usage.

Karl Valentin : Ça c'est sûr, j'ai des boutons chez moi.

Le Vendeur : Que voulez-vous dire ? Quelle sorte de boutons ?

Karl Valentin : Ben, des boutons de porte.

Le Vendeur : Ah bon !

La Vendeuse : Et que diriez-vous de ce Gramola ? Il serait très bon marché et pas cher du tout.

Karl Valentin : Ah bon, très pas du tout cher ! Combien est-ce qu'il coûte ?

Le Vendeur : Nous pourrions vous céder cet appareil à un prix très avantageux. Je vous fait une offre intéressante. L'appareil est à vous pour quatre-vingt-cinq marks. Donc très bon marché ! Et avec ça nous ne gagnons là sur cet appareil que cinq marks, car il nous coûte à nous-mêmes quatre-vingts marks : prix d'achat.

La Vendeuse : Voyons Joseph ! Cet appareil ne nous a coûté que trente marks.

Le Vendeur : Mais non ! Pas celui-là !

La Vendeuse : Tu te trompes, celui-là ne nous a coûté que trente marks.

Le Vendeur : Non, puisque je te dis qu'il nous a toujours coûté quatre-vingts marks. *(Il lui donne un coup de pied.)*

La Vendeuse : Pourquoi est-ce que tu me donnes un coup de pied ?

Karl Valentin : Eux non plus ils ne vivent pas en parfaite harmonie.

30

Le Vendeur : Parce qu'il a toujours coûté quatre-vingts marks.

Karl Valentin : Bien sûr, madame, sinon ça lui ferait gagner cinquante-cinq marks. Dites-moi, cet appareil vous ne l'avez pas à vapeur ?

La Vendeuse : A vapeur il n'y en a pas, mais il y en a à l'électricité, celui-ci par exemple, c'est un appareil tout ce qu'il y a de moderne avec amplificateur.

Karl Valentin : Combien est-ce qu'il coûte ?

La Vendeuse : Ah, il est éminemment cher.

Karl Valentin : Pour moi aussi il est trop éminemment cher.

Le Vendeur : Vous savez combien coûte cet appareil?

Karl Valentin : Non !

La Vendeuse : Il coûte cinq cents marks.

Karl Valentin : Avec l'aiguille ?

La Vendeuse : Vous ne voulez pas jeter un coup d'œil au Gramola portatif de voyage? Il serait très bon marché, il ne coûte que vingt marks.

Karl Valentin : Avec le voyage ?

La Vendeuse : Non bien sûr, sans voyage.

Karl Valentin : Mais c'est que je voyage presque rarement jamais, je ne me suis encore que très rarement envoyagé.

La Vendeuse : Mais vous pouvez aussi faire jouer l'appareil à la maison.

Karl Valentin : Il marche aussi à la maison ?

La Vendeuse : Naturellement !

Karl Valentin : Et en voyage ?

La Vendeuse : Et en voyage !

Karl Valentin : En même temps ?

La Vendeuse : Non, alternativement, soit à la maison soit en voyage.

Karl Valentin : Ah, ah c'est un appareil alternatif. Dites-voir, est-ce qu'on peut aussi faire jouer l'appareil dans un tramway ?

La Vendeuse : Mais dans un tramway le trajet serait trop court.

Karl Valentin : Sur la ligne périphérique ?

La Vendeuse : Dans un tramway personne ne joue du Gramola.

Karl Valentin : Bon, alors je vais me décider pour un des trois de ces deux-là.

La Vendeuse : Et de plus nous faisons aussi les réparations.

Karl Valentin : Avant même qu'on en achète un ? Ça doit être du bon matériel.

Le Vendeur : Non, au cas où, je ne sais pas, il y aurait besoin de réparations.

Karl Valentin : Dites, vous, j'ai un ami que je connais, il a aussi un appareil comme celui-là, et maintenant il ne donne plus qu'un son complètement impur. Voyez-vous, ça fait déjà trois ans qu'il habite au lavoir, et c'est si humide là-bas qu'il a déjà l'anguille toute rouillée.

La Vendeuse : L'aiguille ? Que voulez-vous qu'on y fasse ?

Karl Valentin : Ben, il s'est dit qu'on pourrait peut-être lui tailler l'aiguille.

La Vendeuse : Non, ça ne va pas. Votre ami n'a qu'à s'acheter une boîte d'aiguille neuves.

Karl Valentin : Oui, c'est bien aussi ce que je lui ai dit.

La Vendeuse : Et puis nous avons encore de très belles choses pour ce qui est des disques.

32

Karl Valentin : En fait, je préférerais ça de loin à un gramophone.

La Vendeuse : Quel genre de disques voulez-vous alors?

Karl Valentin : Des disques ronds et noir foncé comme ça.

La Vendeuse : Je veux dire, vous voulez des disques avec musique ou avec chant ?

Karl Valentin : Non, rien qu'avec du son, du son bon marché.

La Vendeuse : Bon, nous allons vous faire passer quelque chose.

Karl Valentin : Oui, faite donc !

Le Vendeur *(apportant un disque)* **:** Tenez, regardez, ça par exemple c'est une très belle marche.

Karl Valentin : En avant, marche ! *(Il le répète plusieurs fois. Le vendeur fait passer la marche. Karl Valentin siffle. Après que l'aiguille ait été enlevée :)* Tous les disques je me les siffle.

Le Vendeur : Alors, qu'est-ce que vous en dites, c'est beau n'est-ce pas ?

Karl Valentin : Oui bien sûr, mais c'était tout de même pas Caruso.

La Vendeuse : Ah, vous voulez écouter Caruso ?

Karl Valentin : Qui ça. Moi ! ?

Le Vendeur : Vous voulez écouter un disque de Caruso ? Bien sûr c'est possible. *(Il met un disque de Caruso avec le prologue de Paillasse.)*

Karl Valentin *(écoute jusqu'au rire de Paillasse. Avant que l'aiguille ait été enlevée)* **:** Voilà qu'il rit, c'est qu'il est content d'être arrivé jusqu'en haut.

La Vendeuse : Que dites-vous de ça ?

Karl Valentin : Oui, les disques de Caruso sont beaux, mais sur ce disque-là on ne peut pas danser.

La Vendeuse : Personne ne danse sur un disque de Caruso.

Karl Valentin : Pas *sur* le disque, je veux dire, comme ça sur la musique du disque.

La Vendeuse : Ah, vous voulez un disque de danse ?

Karl Valentin : Avec du son !

Le Vendeur : Ah, je vous comprends. Vous voulez écouter un disque sur la musique duquel on peut danser.

Karl Valentin : Oui ! *(Le vendeur met une danse tyrolienne. Karl Valentin — avant même que la musique joue :)* Oui, ça c'est bien. *(Il écoute longuement quelques mesures.)* C'est quelque chose comme ça que je voulais dire, ça c'est le bon ! Combien coûte-t-il ?

La Vendeuse : 1 mark 50 pièce.

Karl Valentin : C'est trop cher pour moi. La moitié ce serait bien.

La Vendeuse : Ah, je ne peux pas vous couper le disque en deux.

Karl Valentin : Pas la moitié du disque, mais du prix.

La Vendeuse : Nous avons bien des disques meilleur marché ; si seulement je savais ce que vous voulez.

Karl Valentin : Dites voir, vous avez le disque des volontaires du régiment des brancardiers, « Nous sommes les brancardiers » ou quelque chose comme ça?

Le Vendeur : Comment dites-vous, « Nous sommes les brancardiers » !

Karl Valentin : Oui, « Nous sommes les brancardiers »!

Le Vendeur *(regardant dans le catalogue)*: Comment dites-vous que ça s'appelle ? « Nous sommes les brancardiers » ?

Karl Valentin : Non, « Nous sommes les brancardiers» — tout court.

Le Vendeur : « Nous sommes les brancardiers » tout court ?

Karl Valentin : Sans tout court.

Le Vendeur : Alors seulement « Nous sommes les brancardiers » ?

Karl Valentin : Sans alors !

Le Vendeur : Seulement « Nous sommes les brancardiers » ?

Karl Valentin : Sans seulement !

Le Vendeur : Donc « Nous sommes les brancardiers »!

Karl Valentin : Sans seulement et sans donc !

Le Vendeur : « Nous sommes les brancardiers » !

Karl Valentin : Oui ! — C'est ça que je veux dire !

Le Vendeur : Non, ce disque-là n'existe pas.

Karl Valentin : Mais si, j'en suis sûr.

La Vendeuse : Peut-être pourriez-vous siffler ou chanter la mélodie ?

Karl Valentin : Le refrain c'est comme ça *(Il chante la dernière strophe de «C'est nous les gars de la marine».)*

La Vendeuse : Ah mais vous voulez dire « C'est nous les gars de la marine » !

Karl Valentin : Oui, c'est ça, ça s'appelle « C'est nous les gars de la marine », oui, c'est comme ça que ça s'appelle.

Le Vendeur : Celui-là naturellement nous l'avons, vous pouvez l'avoir. *(Il apporte le disque, le donne à la vendeuse qui le tend à Karl Valentin ; qui le casse en deux d'un coup de canne.)*

La Vendeuse : Pour l'amour du ciel, mais que faites-vous là ?

35

Karl Valentin : Celui-là, j'en veux pas. Ce disque, depuis des années ma logeuse le passe tous les jours. Ce disque-là, il me sort par les narines, il m'a donné des inhibitions, j'étais déjà au bord de la folie. Ce disque-là, je l'extermine. J'en achète plein partout et j'en fais de la chair à saucisse.

La Vendeuse : Mais calmez-vous voyons. Prenez place !

Le Vendeur : Mais ce n'est quand même pas une raison pour casser ce disque.

Karl Valentin *(s'est assis)* : Dites-moi, vous n'avez pas de dossier ?

La Vendeuse : Qu'est-ce que vous voulez dire ? Quels dossiers ? Chez nous il n'y a jamais eu de dossiers. Peut-être dans notre magasin principal, chez Häring, là il y a des dossiers, je crois, c'est une grande brune qui s'en occupe !

Karl Valentin : Je veux dire *le* dossier, celui-là !

La Vendeuse : Ah, le dossier de la chaise !

Karl Valentin : La chaise est ici et le dossier au magasin principal ! Est-ce que vous auriez par hasard les disques de Flotte-au-vent, Moulin-à-vent, Nez-au-vent, Vol-au-vent ? Celui qui est dans le vent, là ?

Le Vendeur *(répète)* : Flotte-au-vent, Moulin-à-vent, Nez-au-vent, Vol-au-vent ? Non, ça n'existe pas !

Karl Valentin : Halte — je veux dire les disques de Beethovent.

La Vendeuse : Non, pour l'instant on n'en a plus, ils sont partis comme des petits pains.

Karl Valentin : Où ça ?

La Vendeuse : Venez là près de la table, je vais vous montrer des disques divers.

Karl Valentin : Des disques d'hiver ? Brr !

La Vendeuse : Peut-être puis-je vous faire écouter quelques disques de Valentin ?

(Elle met le disque « Au tribunal ». On entend les voix de Karl Valentin et de Liesl Karlstadt.)

Voix du Juge : Donc vous reconnaissez avoir traité le plaignant d'âne bâté ?

Voix de l'Accusé : Oui, mais j'ai pas pensé que ça pouvait l'offenser.

Voix du Juge : Pourquoi l'avez-vous dit alors ?

Voix de l'Accusé : Eh bien, parce que ce qu'il a dit c'était bête comme cochon.

Voix du Juge : Et bien moi je trouve que c'est ce que vous dites qui est bête comme cochon, parce qu'un âne c'est un animal et un animal ça ne parle pas. Vous avez déjà entendu un animal qui parle ?

Voix de l'Accusé : Oui, un perroquet !

Voix du Juge : Ah, mais un perroquet n'est pas un âne !

Voix de l'Accusé : A partir du moment où le perroquet dit des âneries, le perroquet est lui aussi un âne bâté !

Voix du Juge : Vous avez déjà entendu un perroquet dire des âneries ?

Voix de l'Accusé : Et comment !

Voix du Juge : Expliquez-moi ça.

Voix de l'Accusé : Je peux le prouver. Ma logeuse a un perroquet dans une cage, et quand on frappe à la cage, cet âne bâté dit : « Entrez ! »

Voix du Juge : Vous trouvez que c'est une ânerie ?

Voix de l'Accusé : Et comment !

Voix du Juge : Pourquoi ?

Voix de l'Accusé : Comment pourrais-je entrer dans une si petite cage !

Voix du Juge : Nous nous écartons de l'affaire qui nous occupe. — Pourquoi avez-vous traité le plaignant d'âne bâté ?

Voix de l'Accusé : Parce qu'il a offensé ma femme.

Voix du Juge : De quelle manière ?

Voix de l'Accusé : Il a dit à ma femme qu'elle était une oie stupide, et ma femme n'est pas une oie, j'en ai la preuve.

Voix du Juge : Vous n'avez pas besoin de preuve, car de même que le plaignant n'est pas un âne bâté, votre femme ne peut pas être une oie, ou du moins pas une oie stupide.

Voix de l'Accusé : Mais monsieur le juge, en faisant cette remarque « du moins pas une oie stupide », vous avouez bien vous-même qu'une femme peut être une oie, et les oies c'est stupide.

Voix du Juge : Comment ça, les oies c'est stupide ?

Voix de l'Accusé : Parce qu'une oie ça ne sait même pas parler.

Voix du Juge : Eh bien voyons, un animal ça ne sait pas parler.

Voix de l'Accusé : Si, le perroquet !

Voix du Juge : Voilà que vous remettez sur le tapis ce perroquet bête comme cochon !

Voix de l'Accusé : Là, je dois vous contredire, car un perroquet n'est pas bête comme cochon, parce que vous, monsieur le juge, vous ne pouvez pas apporter la preuve que tous les cochons sont bêtes, car au cirque il y a des cochons dressés, donc intelligents.

Voix du Juge : Mais nous parlions d'une oie stupide, pas d'un cochon dressé.

Voix de l'Accusé : Bon, eh bien restons-en à ma femme.

Voix du Juge : Maintenant il nous faut en venir à la cause de l'offense. Pour quelle raison le plaignant a-t-il dit que votre oie était une femme stupide, pardon : c'est le contraire que je voulais dire, que votre femme était une oie stupide ?

Voix de l'Accusé : L'affaire est trop enferbilicotée.

Voix du Juge : Vous voulez dire : trop emberlificotée.

Voix de l'Accusé : Trop emberlificotée, oui-oui ! C'est que nous avons un petit jardin, et madame Wimmer a aussi un petit jardin, juste à côté de notre petit jardin, et on se jalouse à qui aura les plus belles fleurs.

Voix du Juge : Oui, continuez —

Voix de l'Accusé : Et on fait toujours des échanges de semences —

Voix du Juge : Qu'est-ce que vous faites ?

Voix de l'Accusé : Des échanges de semences ! Elle me donne par exemple une semence de chrysanthème et moi je lui donne en échange une semence de rhubarbe, et voilà que cette année pour les pots de fleurs de ma fenêtre elle m'a donné des semences de tournesol au lieu de semences de jacinthes, et on a eu tellement de tournesols qu'on ne pouvait plus rien voir par la fenêtre, et alors son mari a dit à ma femme : « Vous êtes une oie stupide », et moi je lui ai dit : « Vous êtes un âne bâté » et alors il m'a dit — *(Un temps.)*

Voix du Juge : Qu'est-ce qu'il a dit ?

Voix de l'Accusé *(Il se tait.)*

Voix du Juge : Eh bien, parlez, qu'a-t-il dit ?

Voix de l'Accusé : Ah monsieur le juge, qu'est-ce qu'un homme vulgaire comme ça a bien pu dire, vous pouvez bien vous l'imaginer !

Voix du Juge : Eh bien, qu'est-ce qu'il a dit ?

Voix de l'Accusé : Je demande le huis-clos !

La Vendeuse : Ce disque vous a plus ?

Karl Valentin : Il n'était pas si mauvais ! — mais qu'il y ait eu le huis-clos, ça je n'arrive pas à le comprendre, parce que justement au cours des débats, ils devaient tous être curieux de savoir ce que l'accusé allait bien pouvoir dire à la fin. Moi, je me l'imagine bien, mais ce que je me demande — et ça ce serait intéressant — c'est si les autres auditeurs au tribunal se le sont imaginé aussi.

La Vendeuse : Qu'est-ce que vous imaginez qu'il voulait dire l'accusé ?

Karl Valentin : Ah, qu'est-ce qu'il aurait bien pu vouloir dire !

La Vendeuse : Je me l'imagine bien !

Karl Valentin : Vous voyez — et voilà pourquoi on a prononcé le huis-clos.

La Vendeuse : J'ai encore là un joli disque, une conversation au bal. *(Elle le met. On entend une valse et de nouveau les voix de Karl Valentin et de Liesl Karlstadt.)*

Lui : Une merveilleuse valse, n'est-ce pas, mademoiselle?

Elle : Mais c'est qu'il fait un peu bien chaud ici.

Lui : Oui, la chaleur est accablante ici.

Elle : Mais mieux vaut trop chaud que trop froid.

Lui : Dimanche dernier j'étais déjà ici, ça n'était pas aussi chaud, et de loin.

Elle : Oh vous, qu'est-ce que vous dites.

Lui : Ça n'était pas tout à fait aussi chaud, mais tout de même.

Elle : Oui, oui, c'est souvent pas la même chose.

Lui : Et danser, ça donne de plus en plus chaud.

Elle : Je déteste la chaleur.

Lui : Oui, oui, ça économise un bain de vapeur.

Elle : Je suis contente de ne pas avoir mis ma jupe en laine aujourd'hui, j'aurais sué encore beaucoup plus.

Lui : Je le crois bien, on ne s'habille jamais assez légèrement pour danser.

Elle : Ma maman elle sue aussi très facilement, qu'elle dit !

Lui : Madame votre maman aime-t-elle aussi danser ?

Elle : Non !

Lui : Et pourquoi ?

Elle : Ah mon Dieu, c'est qu'elle commence à être âgée et qu'elle sue drôlement facilement, qu'elle dit.

Lui : Madame votre maman aussi ? Dans ce cas la chaleur, vous l'avez sans doute hérité de votre mère.

Elle : Oh, vous, vous êtes un farceur, vous !

Lui : Ah bon, votre maman elle sue elle aussi très souvent —

Elle : Non, non, seulement quand elle danse, à ce qu'elle dit.

Lui : Ah bon, c'est seulement quand elle danse qu'elle sue ?

Elle : Oui, oui, quand elle danse —

Lui : Et elle danse encore souvent ?

Elle : Non, absolument plus jamais.

Lui : Ah bon, elle ne danse plus.

Elle : Plus un pas.

Lui : Alors, dans ce cas elle ne sue plus —

Elle : Non, maman a définitivement abandonné la danse, mais papa aime encore bien se dégourdir les jambes.

Lui : Qu'est-ce que vous ne dites pas ; et votre papa il doit suer facilement lui aussi ?

Elle : Bien sûr, mais chez papa c'est facile à comprendre.

41

Lui : Comment ça ?

Elle : Ben, il est né suédois !

La Vendeuse : Eh bien, ce disque vous a plu ?

Karl Valentin : Non, ce disque ne me plaît pas. — Si un idiot pareil, alors qu'il danse avec une dame, ne trouve pas à parler d'autre chose que de suer, il n'a qu'à ne pas danser, au lieu de danser il n'a qu'à travailler, comme ça il ne suera pas. Car quelqu'un qui dit de telles âneries en dansant, il ne mérite vraiment pas d'avoir le droit de danser avec une dame, quand bien même il ne suerait pas.

La Vendeuse: Mais le suivant vous plaira certainement, une gentille petite scène domestique. *(Elle met le disque.)* Écoutez! *(Les voix de Liesl Karlstadt et de Karl Valentin se font entendre.)*

Voix d'Homme : Klara ! Je ne trouve pas mes lunettes. Tu sais où sont mes lunettes ?

Voix de Femme : Hier, je les ai vues dans la cuisine.

Voix d'Homme : Comment ça, hier ! Mais il y a une heure j'étais encore en train de lire avec.

Voix de Femme : C'est bien possible, mais hier tes lunettes étaient dans la cuisine.

Voix d'Homme : Mais ne raconte donc pas des insanités pareilles, à quoi est-ce que ça m'avance que mes lunettes aient été hier dans la cuisine !

Voix de Femme : Si je te le dis, c'est simplement parce que tu les as déjà laissées plusieurs fois dans la cuisine.

Voix d'Homme : Plusieurs fois ! — Je les ai déjà laissées plus souvent que ça, — où sont-elles maintenant, c'est ça que je veux savoir !

Voix de Femme : Eh ben, où elles sont maintenant,

ça je ne le sais pas non plus ; elles seront sûrement quelque part.

Voix d'Homme : Quelque part ! Pour sûr qu'elles sont quelque part — mais où — où est-ce que c'est quelque part ?

Voix de Femme : Quelque part ? Ça je ne le sais pas non plus — alors c'est qu'elles sont ailleurs !

Voix d'Homme : Ailleurs ! — mais ailleurs c'est bien quelque part.

Voix de Femme : Oh, ne dis donc pas de telles stupidités, ailleurs ne peut quand même pas être en même temps « ailleurs » et « quelque part » ! — Chaque jour il faut partir à la recherche de ces stupides lunettes. La prochaine fois tu n'auras qu'à faire attention où tu les poses, alors tu sauras où elles sont.

Voix d'Homme : Mais, femme ! Seul peut dire cela quelqu'un qui n'a pas la moindre idée de ce que sont des lunettes. Même si je sais où je les ai posées, ça ne m'avance à rien, puisque de toute façon je ne vois pas où elles sont, puisque de toute façon je ne peux rien voir sans lunettes.

Voix de Femme : Tout simple ! Alors tu n'as qu'à avoir une autre paire de lunettes, pour pouvoir avec une paire de lunettes chercher l'autre.

Voix d'Homme : Hum ! Ça serait une plaisanterie qui reviendrait cher ! Mille fois par an j'égare mes lunettes, si à chaque fois j'avais besoin pour ça d'une paire de lunettes — la paire de lunettes la moins chère coûte trois marks — ça ferait dans les trois mille marks de lunettes par an.

Voix de Femme : Nigaud ! Mais voyons, tu n'as pas besoin de mille paires de lunettes !

Voix d'Homme : Mais de deux, ça absolument. Une pour voir de près et une pour voir de loin. — Non,

non, je préfère ne pas me lancer là-dedans. Rends-toi compte, j'ai perdu celle pour voir de loin et sur mon nez je n'ai que celle pour voir de près, mais celle pour voir de loin est très loin, si bien qu'avec les lunettes pour voir de près, je ne peux pas voir celles pour voir de loin qui sont loin !

Voix de Femme : Alors tu gardes tout simplement les lunettes pour voir de près sur ton nez, et tu t'approches le plus possible de l'endroit où sont celles pour voir de loin, afin que tu voies celles pour voir de loin avec celles pour voir de près.

Voix d'Homme : Mais je ne sais pas à quel endroit se trouvent celles pour voir de loin.

Voix de Femme : L'endroit est justement là où tu as mis tes lunettes !

Voix d'Homme : C'est bien de cela qu'il s'agit ! — Cet endroit, je ne sais plus où il est !

Voix de Femme : Ça je ne comprends pas. — Peut-être que tu les as dedans l'étui.

Voix d'Homme : Oui ! Ce serait bien possible ! C'est là-dedans qu'elles doivent être ! Passe-moi l'étui !

Voix de Femme : Où est-ce qu'il est l'étui ?

Voix d'Homme : L'étui, il est justement là où les lunettes sont dedans.

Voix de Femme : Mais les lunettes ne sont pas toujours dans l'étui.

Voix d'Homme : Si ! — Elle sont toujours dans l'étui. Sauf quand je l'ai sur le nez.

Voix de Femme : Quoi ? — l'étui ?

Voix d'Homme : Non ! — la paire de lunettes.

Voix de Femme : Ooooooh ! Mais qu'est-ce que je vois là ? — Jette un coup d'œil sur ton front !

Voix d'Homme : Mais j'y vois pas là-haut.

Voix de Femme : Alors attrape ce qu'il y a là-haut ! — Tu as relevé tes lunettes sur ton front !

Voix d'Homme : Ah ! — Exact — ce sont bien mes lunettes ! — Mais malheureusement ? !

Voix de Femme (*très vite*) : Quoi malheureusement ?

Voix d'Homme : Sans étui !

La Vendeuse : Ce disque vous a plu ?

Karl Valentin : Un disque optique, ça n'a rien à voir avec l'humour. Je suis moi-même passionnément porteur de binocles ; je sais quelle catastrophe ça peut être quand on veut lire quelque chose et qu'on ne trouve pas ses lunettes. Alors là j'envie ces hommes qui vivaient il y a des milliers d'années, quand il n'y avait pas encore de binocles ; eux, ils n'étaient pas obligés de s'énerver.

La Vendeuse : Ah, il y a mille ans il n'y avait pas de journaux non plus, à cette époque-là les gens n'avaient pas besoin de lunettes.

Karl Valentin : Ça c'est vrai, il n'y avait pas de journaux —

La Vendeuse : Mais il y avait déjà la Bible.

Karl Valentin : Oui, la Bible, déjà — c'était simple — si quelqu'un ne pouvait pas lire la Bible sans binocle, un autre qui avait de bons yeux la lui lisait.

La Vendeuse : Attendez ! J'ai là encore un charmant truc de petit chien. *(Elle met un nouveau disque — on entend des aboiements et une fois de plus les voix de Karl Valentin et de Liesl Karlstadt.)*

Voix d'une Dame : Oh, quel gentil petit chien ! Ça fait longtemps que vous l'avez ?

Voix d'un Monsieur : Oui, oui, dix ans déjà.

Voix de la Dame : Ah bon, en tout ?

Voix du Monsieur : Ça va de soi !

Voix de la Dame : Pourquoi est-ce qu'il n'a pas le droit de courir en liberté ?

Voix du Monsieur : Il n'a pas de muselière.

Voix de la Dame : Ah, il mord ?

Voix du Monsieur : Allons, pas le moins du monde !

Voix de la Dame : Dans ce cas il n'a pas besoin de muselière.

Voix du Monsieur : Si, sans muselière il n'a pas le droit de prendre le tramway.

Voix de la Dame : Mais là maintenant il ne prend pas le tramway.

Voix du Monsieur : Là maintenant, non, mais c'est parce qu'il n'y a pas de tramway.

Voix de la Dame : Mais il en vient à chaque instant.

Voix du Monsieur : Ça ne me sert à rien, je n'ai pas le droit de le prendre. Je n'ai pas de muselière.

Voix de la Dame : Vous n'en avez pas besoin. Seul le petit chien doit en avoir une.

Voix du Monsieur : Je le sais bien, et il en a une, mais en ce moment je ne l'ai pas sur moi.

Voix de la Dame : Ah dans ce cas, il est vrai que vous n'avez pas le droit de monter dans le tramway.

Voix du Monsieur : Bien sûr que je n'ai pas le droit d'y monter, je prendrai le suivant.

Voix de la Dame : Ah bon, je croyais que vous vouliez prendre celui-là.

Voix du Monsieur : Il est vrai que je voulais prendre celui-là, mais d'ici que je courre chez moi et que je prenne la muselière, le tramway sera parti, il ne peut tout de même pas m'attendre dix minutes.

Voix de la Dame : Eh oui, le receveur ne peut pas faire ça, car s'il ne part pas, les tramways suivants seront obligés de s'arrêter et ça ne va pas, vous ne pouvez pas exiger qu'à cause d'un aussi petit chien...

Voix du Monsieur : C'est vrai je ne peut pas l'exiger, je le sais bien. Maintenant laissez-moi tranquille avec cet interrogatoire stupide, occupez-vous de vos enfants et pas des bestiaux des autres gens ! On a tellement de désagrément et de contrariété avec les chiens. Souvent, au milieu de la nuit, il faut s'arracher de son lit bien chaud pour sortir les animaux. Ils n'ont pas le droit de faire dans la cour et dans le corridor c'est interdit. Nous les hommes, on a la vie belle, mais je ne peux pas exiger de mon chien qu'il aille aux WC. Toute l'année on a des disputes avec le propriétaire et avec le concierge à cause des chiens — comme hier soir par exemple : voilà que mon chien s'installe au milieu du trottoir et fait sa grosse commission ; un monsieur voit ça, se précipite sur moi, m'engueule : « Une cochonnerie pareille, avons-nous des trottoirs pour que ces cochons de bestiaux les salissent ? ! Naturellement le chien ne le sait pas que c'est un trottoir, mais vous, espèce d'imbécile, vous pourriez le savoir ! Je crois que la rue est assez large pour des besoins de ce genre ! »

Voix de la Dame : Oh là là, mais un petit chien comme ça n'a pas non plus le droit de faire dans la rue, parce qu'alors les cyclistes et les automobilistes vont se mettre à crier : « Hors de la rue ce cochon de chien ! »

Voix du Monsieur : Eh bien, j'en ai pris bonne note, et le lendemain, alors que mon petit chien s'installe de nouveau sur le trottoir et va faire sa grosse commission, je l'ai immédiatement tiré par la laisse à bas du trottoir dans la rue. Et voilà qu'un homme me crie après : « Espèce de sale type, on devrait aller chercher la société protectrice des animaux, cet homme brutal tire ce pauvre petit chien à bas du trottoir en plein milieu de sa commission. On devrait vous dénoncer, un brute pareille ! »

Voix de la Dame : Oh là là ! Et qu'est-ce que vous allez faire demain quand il faudra de nouveau que le petit chien fasse ?

Voix du Monsieur : Je monterai sur le toit de la maison avec mon chien, ou bien je le ferai piquer et puis empailler.

Voix de la Dame : Là vous avez raison. Comme ça il n'aura plus jamais besoin de faire sa commission, comme ça il aura fait ses commissions pour toujours.

La vendeuse : Il vous plaît ce disque ?

Karl Valentin : C'est vraiment un disque de chien !

La Vendeuse : Comment ?

Karl Valentin : Un disque de chien ! — Où il s'agit de chiens, et les chiens c'est affaire de goût !

La Vendeuse : Comment ça, vous n'allez tout de même pas manger du chien ! ?

Karl Valentin : Les chiens, on aime ou on aime pas ! Si vous aviez le même disque en chats, là je vous l'achèterais !

La Vendeuse : Ah ! — Vous êtes un client difficile ! — Mais ici, là j'ai quelque chose pour vous, ce sont des disques flexibles de toutes les couleurs. Je vais encore aller vous en chercher quelques-uns. *(Elle sort.)*

Karl Valentin *(seul)* **:** Qu'est-ce qu'ils ne vont pas chercher, des disques flexibles pour gramophone. Inventer des idioties pareilles, alors que de nos jours on n'a toujours rien contre le rhume.

(Il éprouve la flexibilité des disques en cire, ce faisant il brise quelques disques, jusqu'à ce que la vendeuse horrifiée revienne en scène.)

La Vendeuse : Mais, qu'est-ce que vous faites là ? Vous m'avez brisé trois disques !

Karl Valentin : Quatre !

La Vendeuse : Mais voyons, ceux-là ne sont pas flexibles, vous avez bien dû vous en rendre compte tout de suite !

Karl Valentin : Tout de suite !

La Vendeuse : Mais voyons, ça ne va pas ça ! Venez voir par là, je vais vous montrer quelque chose d'autre. *(Elle prend un disque, le pose sur le tabouret sur lequel Valentin était assis, et le conduit à la table de droite.)* Voyez-vous, ça là ce sont des disques en cristal !

Karl Valentin : Pour l'amour de Dieu ! Alors ceux-là sont hypersensibles ! *(Il retourne au tabouret et s'assied sur le disque qui s'y trouve ; on l'entend se briser.)*

La Vendeuse : Oh mon Dieu, voilà que vous venez encore de me casser un disque.

Karl Valentin : Comment ça « cassé ». Je l'ai fracassé ! — Eh, dites-voir, avant il y avait bien aussi des petits disques comme ça, ah, mais vous en avez là. *(Il prend les petits disques.)* Et ça coûte combien le demi-kilo ?

La Vendeuse : Ça ne se vend pas au kilo mais à la pièce, ça coûte — *(Karl Valentin prend appui avec sa canne sur le comptoir.)*

La Vendeuse : Mais je vous en prie, enlevez-moi cette canne de là ! — *(D'un coup sec elle enlève du comptoir la canne de Valentin.)*
(Une fois de plus Karl Valentin tombe sur un disque qui se casse.)

La Vendeuse : Et voilà — encore un disque de foutu !

Karl Valentin : Saloperie de canne ! *(Il prend la canne et la jette au fond de la scène ; un bruit de verre brisé indique que la grande vitrine vient de se casser.)*

(La vendeuse sort en courant et rapporte la canne. Le vendeur arrive avec elle.)

La Vendeuse : Oh mon Dieu, Joseph, mais regarde ce qu'il a fait. Oui, regardez, regardez donc ça. Voilà qu'en plus vous nous avez cassé la vitrine !

Karl Valentin : Et si la vitrine avait été flexible ?

Le Vendeur : Cette fois-ci ça va vraiment trop loin. Qu'est-ce que vous venez faire ici au juste dans le magasin ?

Karl Valentin : Acheter un gramophone !

Le Vendeur : Bon alors, que pensez-vous de celui-là ?

Karl Valentin : Mais c'est celui sur lequel vous ne gagnez que cinq marks, j'en veux pas.

Le Vendeur : Et celui-là, qu'est-ce que vous en dites ? *(Il lui montre le Gramola portatif de voyage.)*

Karl Valentin : Ah, mais je ne voyage jamais !

Le Vendeur : Mais qu'est-ce que vous voulez alors ? *(Il devient furieux.)*

Karl Valentin : Comment ça ? Il y a obligation d'acheter ?

Le Vendeur : Qu'est-ce que c'est que cette histoire d'obligation d'acheter ?

Karl Valentin : Je peux tout de même bien regarder un gramophone dans un magasin et ne l'acheter qu'à Noël. Je peux quand même bien faire ça comme je veux !

Le Vendeur : Oui, ça vous le pouvez. Mais vous n'avez pas le droit de me causer des dommages pareils, vous avez compris ?

Karl Valentin : Oublions ça ! Et du reste, de nos jours la question n'est plus d'entrer dans un magasin et de s'acheter tout simplement un gramophone, aujourd'hui ce qui passe avant tout c'est l'estomac !

La Vendeuse : Alors vous auriez dû aller chez un marchand de saucisses !

Karl Valentin : C'est pas vos oignons !

Le Vendeur : Si, justement. Où irions-nous si nous n'avions que des clients qui nous occasionnent des dommages pareils ?

Karl Valentin : Vous iriez à la faillite !

Le Vendeur : Vous voyez bien ! Et alors maintenant, qu'est-ce que vous êtes venu faire dans le magasin ?

Karl Valentin : Ben, comme je disais, c'est question d'argent. Ça coûte combien un disque ?

Le Vendeur : Trois marks.

Karl Valentin : Vous voyez, pour trois marks, j'ai déjà un chapeau ! Et combien ça coûte les aiguilles de gramophone ?

La Vendeuse *(lui montrant différentes sortes d'aiguilles)* **:** Une boîte comme ça coûte soixante pfennigs.

Karl Valentin : En fait je n'aurais besoin que d'une seule aiguille. Vous ne les vendez pas à la pièce ?

Le Vendeur : Non, ça c'est totalement exclu, on ferait de belles affaires.

Karl Valentin : Donc, une boîte comme ça coûte soixante pfennigs. Et ça — *(il montre le grand gramophone avec amplificateur)* — ça coûte cinq cents marks ?

Le Vendeur : Oui !

Karl Valentin *(voit des catalogues posés sur la table, en prend un et demande)* **:** Dites, combien coûte un catalogue comme ça ?

La Vendeuse : Ça ne coûte rien !

Karl Valentin : Comment, ça ne coûte rien ?

Le Vendeur : Non ! Vous l'avez gratis, pour rien !

Karl Valentin : Pour rien ? Ah bon ? Dans ce cas je prends un catalogue ! *(Il sort.)*

Le Vendeur *(le suivant)* **:** Ça alors c'est vraiment le comble !

(Rideau.)

LE RELIEUR WANNINGER

(Le relieur Wanninger vient de relier douze livres sur commande de l'entreprise de construction Meisel et Co, et avant de les livrer il s'informe par téléphone de l'endroit où il doit porter les livres, si il peut encaisser la facture, et quand. Il va au téléphone dans son atelier et compose un numéro, on entend le bruit du cadran.)

Le Gardien : Ici, entreprise de construction Meisel et Compagnie !

Le Relieur : Oui, ici, ici c'est le relieur Wanninger. Je voudrais simplement faire savoir à l'entreprise Meisel, que j'ai maintenant terminé les livres que vous avez commandés et si je dois envoyer les livres et si je peux aussi envoyer la facture avec !

Le Gardien : Un instant, s'il vous plaît !

Le Relieur : Oui !

Le Secrétariat : Ici, Meisel et Compagnie, secrétariat !

Le Relieur : Oui, ici c'est le relieur Wanninger. Je voudrais simplement vous faire savoir que je les ai, les livres là que vous, que je les ai terminés et si je dois, les trucs là, les livres, les envoyer et si je dois alors aussi envoyer la facture tout de suite avec — voilà !

Le Secrétariat : Un instant s'il vous plaît !

Le Relieur : Oui, je vous en prie !

La Direction : Direction de l'entreprise Meisel et Co!

Le Relieur : Euh ! Ici c'est le, le relieur Wa-Wanninger.

Je voudrais simplement vous faire savoir, ainsi qu'à l'entreprise Meisel, que les trucs, les livres, je les ai terminés maintenant et si alors je dois envoyer les livres chez vous et si je dois aussi alors envoyer la facture avec, tout de suite — voilà !

La Direction : Je vous passe l'administration, un instant s'il vous plaît, d'accord !

Le Relieur : Oui, je vous en prie !

L'Administration : Ici, entreprise de construction Meisel et C^O, l'administration !

Le Relieur : Quoi ? Oui, ici c'est le relieur Wanninger. Je voudrais simplement vous faire savoir que j'en ai terminé avec les livres maintenant et que je les envoie maintenant, ou que je dois les envoyer ou si la facture je dois aussi alors la donner avec tout de suite !

L'Administration : Appelez donc le service 33 s'il vous plaît. Vous pouvez tout de suite composer le numéro.

Le Relieur : Ah bon, il faut tout de suite que je — bien je vous en prie, merci, à votre service. *(Bruit du cadran.)* Je suis curieux de voir !

Le Service 33 : Ici, entreprise de construction Meisel et Compagnie !

Le Relieur : Oui, c'est truc ici, ici c'est le — qui c'est là-bas ?

Le Service 33 : Ici, entreprise de construction Meisel et Compagnie !

Le Relieur : Oui, je l'ai déjà dit maintenant plusieurs fois aux autres, je voudrais simplement vous le faire savoir maintenant mademoiselle que les truc-livres je les ai terminés maintenant et si les livres là je dois les apporter chez vous ou si je les porte et la facture je dois alors peut-être éventuellement l'envoyer aussi avec tout de suite, si vous le permettez !

Le Service 33 : Oui, un petit instant, je vous passe monsieur l'ingénieur Plaschek.

Le Relieur : Comment ?

Plaschek : Ici l'ingénieur Plaschek !

Le Relieur : Oui, ici c'est l'entreprise de —, ici c'est le — qui c'est là-bas ? Ici c'est le relieur Wanninger. Je voudrais simplement vous faire savoir ainsi qu'à l'entreprise que j'en ai terminé avec les livres là maintenant, les douze, et si les livres doivent alors tous aller chez vous, que je les porte et si la facture aussi, aussi je devrais la pré-présenter, voilà, chez vous !

Plaschek : Ah, c'est que je n'en sais rien !

Le Relieur : Ah bon !

Plaschek : Demandez plutôt chez monsieur l'architecte Klotz. Un petit instant, s'il vous plaît !

Le Relieur : Comment qu'il s'appelle ? Mais qu'est-ce qu'il a comme numéro ! Hé — Sacré nom de Dieu !

Klotz : Architecte Klotz !

Le Relieur : Wanninger, Wanninger, j'ai, j'ai un, je voudrais simplement faire savoir à monsieur l'ingénieur maintenant, que j'en ai déjà terminé avec les livres et les — et si les livres maintenant après ça je dois les envoyer chez vous, parce que j'ai aussi la facture avec tout de suite sous la main et alors tout de suite aussi je vous la — que je vous la donne en plus peut-être !

Klotz : Ah, le mieux c'est que vous demandiez à monsieur le directeur lui-même, mais pour le moment il n'est pas à l'usine.

Le Relieur : Où est-ce qu'il est alors ?

Klotz : Je vous passe tout de suite son domicile !

Le Relieur : Ah là là, nous y voilà, faites bien attention, allô !

55

Le Directeur : Oui, ici c'est le directeur Hartmann !

Le Relieur : Oui, c'est truc ici, le relieur Wanninger. Je voudrais simplement demander, si je dois vous le faire savoir maintenant au sujet des livres, parce que je — j'en ai terminé maintenant avec eux à l'atelier et maintenant on a fini et si je dois après ça vous les envoyer aussi avec la facture avec si par hasard je — j'aurais le temps maintenant !

Le Directeur : Ah, je ne m'occupe pas de ces choses-là. Peut-être que la section III est au courant ; je vous repasse l'entreprise.

Le Relieur : Qui c'est ? Où est-ce qu'il faut que j'aille ? — Sacré nom de Dieu.

La Section III : Entreprise de construction Meisel, section III !

Le Relieur : Oui, c'est truc ici, le relieur Wanninger, je l'ai déjà tellement dit aux autres maintenant, je voudrais simplement demander à monsieur le directeur, que les livres je — demander que les livres je les ai terminés maintenant et si je dois les renvoyer chez vous et la facture je l'aurais écrite aussi, si je dois elle aussi, tout de suite avec les livres, conjointement aux livres, l'envoyer avec chez monsieur — chez vous alors !

La Section : Un instant je vous prie, je vous passe la comptabilité !

La Comptabilité : Entreprise Meisel et Compagnie, comptabilité !

Le Relieur : Allô, comment ?
Oui, le — je voudrais simplement faire savoir à l'entreprise, que j'ai terminé les livres maintenant, n'est-ce pas, et que moilors, moilors maintenant vous les en — en — enrevoyer, renvoyer là-haut dans voultre usine et alors je voudrais simplement demander si la facture aussi je dois l'en — l'entreposer, la proposer, aussi !

La Comptabilité : Ah bon, les livres sont enfin terminés, écoutez voir : dans ce cas vous pouvez dès demain matin me les — ah, rappelez-donc demain, maintenant c'est la fermeture des bureaux !

Le Relieur : Quoi ? Oui, ah bon, merci — excusez mille fois ! — — Bande de salauds, fumiers !

LE PHOTOGRAPHE

L'an dernier à Noël ma femme qui est mon épouse m'a acheté un truc, un — excusez-moi, je perds terriblement la mémoire, qu'est-ce que je viens de dire ? — Oui, oui que je perds la mémoire — non, ma femme pour la fête du petit Jésus m'a fait un président, un merveilleux — qu'est-ce que c'était ce que j'ai eu ?

Cri dans la salle : Un parapluie.

Non, non, pas un parapluie — mais comment peut-on oublier une chose pareille.

Public : Un chapeau de paille.

Allez, arrêtez de dire des âneries, à Noël on n'a pas besoin d'un chapeau de paille ! Mais qu'est-ce que c'était ce que j'ai eu de ma femme ?

Public : Un enfant.

C'est idiot ! Un enfant ma femme n'aurait pas eu besoin de l'acheter, ça on pourrait se le — ça on l'aurait gratuitement. Je l'ai sur le bout de la langue, ça marche avec des plaques qui enregistrent.

Public : Un gramophone.

Allons, un gramophone c'est pas un présent — c'est un instrument de musique. Ce que j'ai eu de ma femme, ça ne fait pas de musique — c'est petit et carré, comme ça.

Public : Un paquet de miel artificiel.

Arrêtez de dire des absurdités comme ça — est-ce qu'un paquet de miel artificiel ça a trois grands pieds ? — Mais comment peut-on oublier une chose pareille ?

58

Je sais très bien ce que je veux dire, il n'y a que le nom qui ne me revient pas ! C'est un appareil avec lequel on peut photographier. — Ça y est, j'y suis, c'est un appareil photographe que j'ai eu à Noël. Depuis un trimestre j'appareille avec la photographie — je voulais dire l'inverse, je photographie avec l'appareil et ça ne donne rien. — Je crois que ça vient du temps, ou plus exactement, pour savoir faut apprendre. Mes photos ne donnent rien. Tenez, là j'ai pris mon parrain, et en photo il ne donne rien, et pourtant un parrain c'est pas rien. — Là j'ai encore différents clichés. *(Il montre différentes photos au public.)* Ça c'est un paysage, une atmosphère d'automne, je l'ai prise au printemps ; ça n'a absolument rien donné, et ça tout simplement parce que j'avais oublié en prenant la photo d'enlever le couvercle de la, de l'obélisque, non pas obélisque — comment ça s'appelle le verre grossissant qui est rond là devant ?

Public : Des pois ou des lentilles.

Non, ça commence par O.

Public : Oh que tu m'aimes.

C'est idiot ! Objectchauve — non, ça s'appelle objectif. Le plus beau cliché que j'aie jamais fait, c'est celui-ci, là j'ai photographié toute la famille devant notre maison — en bas dans la cour, tout le monde en costume du dimanche, mon Dieu qu'est-ce que j'ai sué. En développant le négatif j'ai tout de suite vu que j'avais fait une bêtise. J'ai pris toute la famille dans huit positions différentes ; assis, debout, de côté, de derrière, d'en haut et d'en bas.
A chaque fois j'aurais dû prendre une nouvelle plaque — moi, emporté par mon zèle, j'ai tous les clichés sur une seule plaque. Rien que pour voir j'en ai fait un tirage. J'ai tellement rit que j'ai eu mal au ventre. *(Montrant la photo au public.)* Tenez regardez, le père est suspendu à l'intérieur de la mère, le fils est assis sur

la tête du nouveau-né, la grand-mère a la tête de la bonne, les pieds de la bonne c'est le fils aîné qui les a sur le bras, la petite Elsa a trois nez au milieu de la figure et le grand-père a les minuscules pieds du petit Peperl.

Même le plus moderne des sécessionnistes ne pourrait pas faire un tableau plus futuriste. Souvent en développant les plaques je n'ai pas eu de chance. A la maison j'ai transformé les toilettes en chambre noire, ça sent souvent mauvais là-dedans — à cause des produits chimiques. A l'intérieur il y a une lanterne rouge — je suis installé comme une sage-femme.

La photographie c'est pas un beau sport — sauf les instantanés et pour les instantanés je suis pas assez leste. Une fois, au-dessus de ma maison, là où j'habite, il y a un aviateur qui est passé là-haut, j'aurais voulu faire un instantané depuis ma fenêtre. Doux Jésus — jusqu'à ce que j'aie seulement trouvé mon appareil, l'aviateur avait sans doute déjà démonté son avion à Schleissheim. — Ce que je déteste tout spécialement c'est photographier des gens, parce qu'ils ne se tiennent jamais tranquilles, surtout les dames. Une dame quand elle se fait prendre en photo, les parties buccales sont toujours floues sur la photo ; il n'y en a pas une qui arrive à tenir son clapet.

Les objets sont beaucoup plus faciles à photographier. Récemment j'ai photographié un morceau de savon de Marseille à 3 marks 50 — la photo était sublime; on aurait dit qu'elle allait parler. En fait maintenant je pourrais faire un petit cliché au flash. Monsieur le régisseur, apportez-moi mon truc, mon — j'ai encore oublié le nom, mon —

Public : Pardessus.

Non, mon ...

Public : Parapluie.

Arrêtez de dire des bêtises pareilles, avec un parapluie

on ne peut pas photographier — halte — mon appareil photographe — ça y est j'ai retrouvé. Bon, un instant, je m'en vais rapidement faire un instantané.

(Il installe son appareil, prépare la poudre de magnésium, s'emmêle dans le voile noir, l'appareil se renverse, grande confusion. Finalement il parvient à tout remettre en ordre.)

Un petit sourire, les couples dans la salle peuvent tranquillement s'enlacer. Vous, levez votre verre — vous, soyez juste en train de mordre dans le morceau de pain — et vous, apportez-moi donc un verre de bière. S'il vous plaît, vous ne voulez pas enlever votre monocle, ça ne fait pas bien sur l'image, parce que ça éblouit, et pour vous aussi c'est mieux, comme ça vous verrez mieux.

Bon, s'il vous plaît, personne ne bouge ! — Un — Deux — *(On entend une sonnerie de téléphone.)*

Régisseur : On vous demande au téléphone, tout de suite !

Un petit instant, surtout ne bougez pas. *(Il disparaît rapidement en coulisses.)*

Comment ? Ah, vous vous êtes trompé de boléro ! *(Il revient précipitamment.)*

Bon, allons-y, un — deux — trois — terminé. Merci. La photo est particulièrement brillante ; ça va donner des images brillantes sur papier mat. Bon, revenez dans huit jours, chacun aura une photo gratuite — espérons qu'elles seront bonnes.

Régisseur *(apporte une boîte)* **:** Excusez-moi, c'est à vous cette boîte ? Il y a écrit dessus « plaques photographiques pour photos au flash ».

Sacrebleu — j'ai photographié sans plaque. *(Au public.)* : Ça alors, ça me désole. — Toutes mes excuses !

SCÈNE A LA GARE

(Après le départ du train.)

(Le portier est seul sur scène en train d'essuyer ses lunettes.)

Une Femme *(entre en courant, hors d'haleine, en sueur, avec de nombreuses valises)* : S'il vous plaît, dites-moi vite, je suis très pressée, où est-ce que je dois monter pour l'Italie ?

Le Portier : Il vient juste de partir.

La Femme : Jésus, Marie, Joseph !!!!

Le Portier : Si vous étiez arrivée trois minutes plus tôt, vous l'auriez encore attrapé.

La Femme : Ah, alors je rentre chez moi et je reviens trois minutes plus tôt.

Le Portier : Alors vous arriverez encore plus tard.

La Femme : Mais dites-moi, pourquoi le train est-il parti exprès aujourd'hui justement trois minutes plus tôt?

Le Portier : Mais, le train n'est pas parti trois minutes plus tôt, c'est vous qui êtes arrivée trois minutes trop tard.

La Femme : Ça, ça vient de ce qu'on ne sait pas exactement à quelle heure part le train.

Le Portier : Si vous aviez regardé dans l'indicateur des chemins de fer, vous l'auriez su.

La Femme : J'ai regardé mais ça n'est pas dedans.

Le Portier : Mais si, c'est dedans.

La Femme : Enfin, c'est-à-dire que chez moi je n'ai pas

l'indicateur des chemins de fer, alors j'ai regardé dans mon livre de cuisine. Et là, c'est pas dedans.

Le Portier : Ça, dans un livre de cuisine, il n'y a sûrement pas les trains italiens, tout au plus la salade italienne.

La Femme : C'est pour ça que je ne l'ai pas trouvé, et ça n'est même pas dans l'annuaire.

Le Portier : Vous auriez tout aussi bien pu regarder dans le catéchisme.

La Femme : Vous dites ça pour de bon ?

Le Portier : Non, je dis ça comme ça.

La Femme : Oui, moi aussi je dis ça comme ça. Mais je n'arrive pas à croire que le train est déjà parti.

Le Portier : Ça, il est parti.

La Femme : Et il est parti comme ça, en laissant tous les voyageurs ?

Le Portier : Non, ils sont tous partis avec.

La Femme : Mais pourquoi n'ont-ils pas raté le train, eux ?

Le Portier : Parce qu'ils ne sont pas arrivés trop tard.

La Femme : Mais s'ils étaient arrivés trop tard, eux, le train serait parti quand même ?

Le Portier : Oui, mais ça n'aurait pas été rentable.

La Femme : Qu'auraient-ils fait alors, tous les voyageurs, s'ils avaient tous raté le train ?

Le Portier : Ils auraient eu l'air bête, comme vous.

La Femme : Et maintenant, je ne peux vraiment rien faire ?

Le Portier : C'est à vous de le savoir.

La Femme : Je veux dire, que faire maintenant ? Parce que si j'attends encore davantage, je le rate encore plus.

Le Portier : Vous n'avez qu'à prendre le prochain train.

La Femme : Quand part-il ?

Le Portier : Demain matin.

La Femme : Mais ça ne m'avance à rien — demain à cette heure-là je ne serai plus ici, je serai déjà depuis longtemps en Italie.

Le Portier : Mais comment voulez-vous être demain en Italie si vous avez raté le train aujourd'hui ?

La Femme : Mais, je vais aller à sa poursuite avec le tram.

Le Portier : Les trams ne vont pas là-bas.

La Femme : Dans ce cas je vais le poursuivre à pied, ça peut se faire je l'ai déjà vu une fois au cinéma.

Le Portier : Je ne pense pas que vous arriviez à courir aussi vite que le train, ou alors il faudra vraiment vous dépêcher.

La Femme : Mais, il faut que j'aille en Italie, je m'en réjouis déjà d'avance. Vous êtes déjà allé en Italie ? Ça doit être merveilleux. Dites, c'est bien là qu'il y a le grand Vatican qui est toujours en éruption ?

Le Portier : Épargnez-moi votre lave. — Vous faites erreur, il est impossible que le Vatican soit en éruption, c'est un monument et un monument ne peut pas être en éruption.

La Femme : Non, c'est sûrement le Vatican car ça commence par V et je l'ai déjà vu sur des cartes postales, il est grand comme ça et la fumée sort par en haut.

Le Portier : Vous voulez sans doute parler du Vésuve.

La Femme (*sa valise s'ouvre et il en tombe un bric-à-brac impossible*) : Jésus, Jésus, je n'ai vraiment pas de veine aujourd'hui, d'abord je rate mon train et voilà maintenant tous mes ustensiles de voyage qui dégringolent. Si quelqu'un voit ça ! Vous ne voudrez jamais croire à quel point je suis gênée.

Le Portier : Ça, avec des trucs pareils, vous avez de quoi être gênée.

La Femme *(rangeant tout)* **:** C'est que je voyage si rarement, vous ne voudrez jamais croire à quel point je suis maladroite.

Le Portier : Oh, je le vois bien et maintenant dépêchez-vous d'aller au diable avec votre bric-à-brac.

La Femme : Mon dieu, je crois que le réveil est foutu. Écoutez. *(Le portier écoute, puis le jette par terre.)*

La Femme : Mais c'est sûr qu'il va se casser si vous faites comme ça. *(Elle le jette à son tour.)*

Le Portier : Ça, madame, plus on le fait tomber, plus il se casse.

La Femme : Ah, mon dieu, quand on n'a personne ! C'est que je voyage toute seule.

Le Portier : Vous avez pourtant quatre valises.

La Femme : Non, je veux dire, quand une femme voyage seule, ça ne donne rien ; vous savez, je suis veuve, ça fait maintenant trente ans que je suis seule en cette gare — euh, je veux dire, en ce monde.

Le Portier : Il ne me manquerait plus que ça, que vous soyez depuis trente ans dans cette gare, moi, ces trois minutes, ça me suffit.

La Femme : Vous savez, j'étais mariée mais mon mari a immigré en Amérique du Sud, à quatorze ans, alors qu'il était encore gamin, et depuis il n'est jamais revenu. Je ne l'ai plus jamais revu — disparu, mais pas oublié.

Le Portier : Et voilà qu'en plus vous vous mettez à pleurer, mais consolez-vous, tenez, moi aussi j'ai été trente ans en Amérique du Sud et je suis revenu ; il rentrera un jour s'il est malin.

La Femme : Oh, c'était un brave homme, mais un méchant homme — mais ça, il ne reviendra plus, mon Xavier.

Le Portier : Ah bon, il s'appelait Xavier, moi aussi je m'appelle Xavier.

La Femme : Ah bon — oui, mon Xavier, il me disait toujours : Wally, je reviendrai, mais il n'est plus revenu.

Le Portier : Quoi, vous vous appelez Wally ?

La Femme : Oui, Wally Rembremerdeng —

Le Portier : Et moi, je m'appelle Xavier Rembremerdeng.

La Femme : Non, c'est moi Rembremerdeng.

Le Portier : Et moi aussi, et je suis aussi allé en Amérique du Sud.

La Femme : Mais, c'est toi Xavier ? Non ?

Le Portier : Et toi, Wally ?

La Femme : Oh, Xavier !!! *(Elle l'enlace et lui laisse tomber sa valise sur le pied.)*

Le Portier : Ah, abrutie !!!!

La Femme : Trente ans qu'on ne s'était pas vus, tu ne m'as donc pas reconnue ?

Le Portier : Je me disais bien que ton chapeau avait un air de déjà vu.

RENSEIGNEMENT DIFFICILE

Karlstadt : Dites, s'il vous plaît, comment faire pour aller à la gare le plus vite possible ?

Valentin : Vous en êtes encore loin. Il faudrait que vous y alliez soit à pied, soit en voiture. Si vous y allez en voiture, vous y serez peut-être bien en quinze minutes, mais à pied il vous faudra nettement plus longtemps.

Karlstadt : Et comment on y va quand on y va à pied ?

Valentin : Il y a trois chemins. Ou bien vous allez tout droit et puis vous traversez la grand'place, ou bien vous passez par le parc municipal et vous longez l'hôtel, ou bien le plus court, vous passez par le passage et entre le grand magasin et le marché couvert. Et vous y arrivez directement.

Karlstadt : Oui, j'ai pas de temps à perdre, car mon train part à 15 h 20 et il est déjà 15 h 10.

Valentin : Dans ce cas, il est plus sage de suivre la rue de la caserne, de longer la station service et là vous n'aurez qu'à redemander.

Karlstadt : Ah bon, là il faudra que je redemande ; mais, il n'y a donc pas de tramway pour y aller ?

Valentin : C'est que, vous savez, avec les tramways c'est archiplein, on a si peu de place et il faut d'abord attendre si longtemps, et quand finalement il arrive, il est complet.

Karlstadt : Ah bon, alors ça non plus ça ne va pas. Et je n'ai vraiment pas de temps à perdre, oh là là là là, si seulement j'arrivais à mieux vous comprendre !

Valentin : Ah mais je peux parler plus fort !

Karlstadt : Non, pas plus fort !

Valentin : Moins fort ?

Karlstadt : Non, parlez plus distinctement !

Valentin : Parler plus distinctement, ça je ne peux pas.

Karlstadt : Vous avez un défaut de prononciation ?

Valentin : Non, non !

Karlstadt : Vous parlez toujours aussi peu distinctement?

Valentin : Non, seulement quand on me demande quelque chose dans la rue.

Karlstadt : Mais, vous n'avez qu'à ouvrir plus grand la bouche quand vous parlez ! !

Valentin : J'ose pas.

Karlstadt : Pourquoi ?

Valentin : Parce que je dois allez chez le dentiste.

Karlstadt : Chez le dentiste il faudra bien ouvrir grand la bouche !

Valentin : Oui, mais là ça n'aura plus d'importance. — Voyez-vous aujourd'hui mon plombage en or s'est mis à branler, et maintenant j'ai peur qu'il tombe quand j'ouvre la bouche. C'est pour ça que je dois faire attention et que je ne peux pas ouvrir la bouche.

Karlstadt : Et il fallait que ce soit à vous que je demande un renseignement !

Valentin : Oh, moi ça ne me gêne pas !

Karlstadt : Oui, vous bien sûr ça ne vous gêne pas, mais moi ça me gêne !

Valentin : Pourquoi ?

Karlstadt : Ben, parce que j'ai raté mon train !

(1940)

LE MARCHAND D'OISEAUX

Karlstadt : Bonjour ! — Ah, vous êtes le livreur du marchand d'oiseaux ?

Valentin : Vous êtes chez vous ?

Karlstadt : Je vous attends déjà depuis si longtemps ; je croyais déjà que vous ne viendriez plus.

Valentin : Voici le canari avec cage, et voici la facture.

Karlstadt : C'est bien — mais où est le titi t'oiseau ? — la cage est vide, où est l'oiseau ?

Valentin : Il doit être dedans !

Karlstadt : Comme ça, « doit être dedans »? Mais il n'y en a pas dedans.

Valentin : Ça c'est exclu. Je ne vous apporterais tout de même pas une cage vide !

Karlstadt : Ah pardon, regardez vous-même dedans.

Valentin : Inutile de regarder dedans, nous sommes tout de même un magasin sérieux ; que croyez-vous que diraient nos clients si partout nous apportions une cage vide et en plus sans oiseau ! Notre clientèle est bien servie, rien n'y manque.

Karlstadt : Comment ça rien n'y manque ? Bien sûr qu'il manque quelque chose — il manque l'oiseau.

Valentin : Alors il aurait fallu qu'il m'échappe pendant le transport, que la porte ait été ouverte.

Karlstadt : Qu'est-ce que vous dites là, la porte n'a pas pu être ouverte, elle est fermée.

Valentin : Elle est fermée ?

Karlstadt : Évidemment !

Valentin : Alors, il doit être dedans.

Karlstadt : Mais il n'est pas dedans.

Valentin : Madame, c'est impossible. Quand une porte est fermée, aucun oiseau ne peut sortir.

Karlstadt : Mais dans le cas présent, il faut tout de même qu'il soit sorti, sinon il serait dedans.

Valentin : Il doit être dedans, il n'y a pas de doute possible ! — Jetez donc un coup d'œil sur la facture pour voir s'il y est sur la facture.

Karlstadt : Oui, il y est bien : une cage avec oiseau, 13 marks.

Valentin : Alors vous voyez ! Croyez-vous que mon patron vous ferait une facture : « Cage avec oiseau, 13 marks » et qu'à la place d'une cage avec oiseau il vous livrerait une cage toute seule ? La cage seule ne vous sert à rien, et l'oiseau seul non plus ne vous sert à rien ! Ça va ensemble comme une soupe sans sel.

Karlstadt : Alors, qu'est-ce qu'on fait maintenant ?

Valentin : Eh bien, je dois encaisser la facture. En tout, ça fait 13 marks.

Karlstadt : Comment ça en tout ?

Valentin : Eh bien, la cage et l'oiseau.

Karlstadt : Mais d'oiseau il n'y en avait pas dedans ; je ne vais tout de même pas payer ce que je n'ai pas reçu en entier.

Valentin : Eh bien, alors je reprends toute la marchandise.

Karlstadt : Tiens donc, toute la marchandise, mais vous ne pouvez emporter que la cage, d'oiseau il n'y en avait pas dedans.

Valentin : Madame, il faut que l'oiseau ait été dedans !

70

Karlstadt : Ah, mais alors, où serait-il passé ?

Valentin : Ça m'est égal. Ce qui est marqué sur la facture c'est : cage avec oiseau, 13 marks.

Karlstadt : Encore faut-il que vous m'apportiez d'abord une cage avec oiseau !

Valentin : Non madame, pas dans le cas présent ! Je n'aurais plus que l'oiseau à vous apporter.

Karlstadt : Comment ça que l'oiseau ! Mais j'ai aussi besoin d'une cage.

Valentin : Ben quoi, une cage vous en avez déjà une ! Vous n'allez tout de même pas prétendre que la cage aussi s'est échappée.

Karlstadt : Qu'est-ce que vous dites là ? La cage est bel et bien là. Vous n'avez plus à me livrer que l'oiseau qui va avec !

Valentin : Nous ne livrons pas d'oiseau seul ; toujours ensemble : cage avec oiseau !

Karlstadt : Mais à moi vous avez livré la cage seule, sans oiseau !

Valentin : Pourtant ce qui est marqué sur la facture c'est : cage avec oiseau — regardez : cage avec oiseau !

Karlstadt : Je ne suis tout de même pas forcée d'écouter vos âneries ! *(Elle claque la porte.)*

Valentin : Voilà qu'elle m'a claqué la porte au nez ! Je ne peux pas non plus lui en vouloir vraiment à cette femme, car c'est vrai il n'y a pas d'oiseau dedans. — Pourtant c'est un fait, sur la facture c'est marqué : cage avec oiseau !

(1940)

LA VENTE DE LA MAISON

Valentin : Bonjour, vous désirez ?

Karlstadt : Je viens à cause de la maison.

Valentin : Vous voulez dire à cause de la maisonnette?

Karlstadt : Dans le journal c'est écrit maison.

Valentin : Non, c'est une petite maison, une maisonnette.

Karlstadt : Ah, une petite maison, une maisonnette, une petite maisonnette. Est-ce qu'elle est en plein air la maisonnette ?

Valentin : Ben, elle est là !

Karlstadt : Je viens à la suite de l'annonce du journal ; elle est bien à vendre la maison ; c'est ça la maison ?

Valentin : Oui ! Je ne la vends pas de bon cœur, mais je serai bien content d'en être débarrassé.

Karlstadt : Combien d'étages est-ce qu'elle a la maison?

Valentin : Aucun, rez-de-chaussée seulement.

Karlstadt : Elle est habitée ?

Valentin : Pas pour le moment puisque je suis dehors.

Karlstadt : Combien de pièces ?

Valentin : Une seule — en revanche, pas d'escalier ni de cage d'escalier.

Karlstadt : C'est un coin tranquille ici ?

Valentin : Oui, en hiver on n'entend même pas la chute des flocons de neige, en été, en revanche, il y a beaucoup de fourmis, mais elles marchent sans bruit.

Karlstadt : Comment est-ce pour les conditions sanitaires ?

Valentin : Des sanitaires, il n'y en a pas un dans la maison.

Karlstadt : Ah, mais quand on...

Valentin : La forêt est à cinq minutes.

Karlstadt : Ah, mais la nuit ?

Valentin : Toujours pas plus de cinq minutes.

Karlstadt : Quand est-ce que vous avez emménagé dans cette maison ?

Valentin : Le lendemain.

Karlstadt : Sitôt déjà! — Et comment est-ce pour l'éclairage ? Gaz ou électricité ?

Valentin : Dans la maison et dehors — partout l'électricité !

Karlstadt : Mais je ne vois nulle part de fils électriques.

Valentin : Rien qu'une lampe de poche électrique, ça s'allume partout.

Karlstadt : Quel âge a-t-elle la maison ?

Valentin : Je ne sais pas, je ne lui ai jamais demandé.

Karlstadt : Il y a des hypothèques dessus ?

Valentin : Non, juste une cheminée.

Karlstadt : Que signifient ces quatre cloisons ?

Valentin : C'est pour soutenir.

Karlstadt : Soutenir quoi ?

Valentin : Le toit de la maison.

Karlstadt : Il y a de la vermine dans la maison ?

Valentin : Non, je suis célibataire.

Karlstadt : Aha !

Valentin : Oui !

Karlstadt : Est-ce que vous attachez…

Valentin : Pas moi.

Karlstadt : Attendez donc que…

Valentin : Je vous en prie !

Karlstadt : Est-ce que vous attachez…

Valentin : Non — mais mes casseroles attachent.

Karlstadt : Est-ce vous attachez de l'importance à ce que la maison soit vendue bientôt ?

Valentin : Non, immédiatement — dans un bientôt immédiat !

Karlstadt : Ensuite vous allez vous acheter une nouvelle maison ?

Valentin : Jamais plus ! Je cherche une très vieille mine profonde de mille mètre pour la louer.

Karlstadt : Et vous voulez l'habiter ?

Valentin : Ça va de soi !

Karlstadt : Mais c'est étrange !

Valentin : C'est vrai — mais c'est la sécurité !

Karlstadt : Contre quoi ?

Valentin : Contre les météores.

Karlstadt : Mais les météores c'est tout à fait exceptionnel.

Valentin : C'est vrai, mais pour moi la sécurité ça passe avant l'exception.

(1940)

CHEZ LE CHAPELIER

La Vendeuse : Bonjour. Vous désirez ?

Valentin : Un chapeau.

La Vendeuse : Quel genre de chapeau ?

Valentin : Un à se mettre sur la tête.

La Vendeuse : Un chapeau, vous n'arriverez jamais à l'enfiler, ça se met toujours sur la tête.

Valentin : Non, pas toujours — à l'église par exemple, je ne peux pas me mettre de chapeau sur la tête.

La Vendeuse : A l'église non — mais vous n'allez tout de même pas toujours à l'église.

Valentin : Non, seulement de-là de-ci.

La Vendeuse : Vous voulez dire seulement de-ci de-là !

Valentin : Oui, je veux un chapeau qui se mette et qui s'enlève de la tête !

La Vendeuse : Tous les chapeaux se mettent et s'enlèvent de la tête ! Vous voulez un feutre ou un chapeau melon ?

Valentin : Non — un gris.

La Vendeuse : Je veux dire, quelle genre de forme ?

Valentin : Une forme incolore.

La Vendeuse : Vous voulez dire une forme chic —— nous avons toutes sortes de formes chics dans toutes les couleurs.

Valentin : Dans toutes les couleurs ? — alors jaune clair !

La Vendeuse : Mais des chapeaux jaune clair il n'y en a qu'au carnaval — vous vous ne pouvez tout de même pas porter un chapeau d'homme jaune clair.

Valentin : Mais je ne veux pas le porter, je veux le mettre sur la tête.

La Vendeuse : Avec un chapeau jaune clair on se moquera de vous.

Valentin : Pourtant les chapeaux de paille sont bien jaune clair.

La Vendeuse : Ah, vous voulez un chapeau de paille ?

Valentin : Non, avec un chapeau de paille il y a trop de risques d'incendie !

La Vendeuse : Malheureusement les chapeaux d'amiante ça n'existe pas encore ! — Nous aurions de beaux feutres mous.

Valentin : Les feutres mous présentent l'inconvénient de ne pas faire de bruit quand ils tombent.

La Vendeuse : Alors dans ce cas, il faut vous acheter un casque, ça fait du bruit quand ça tombe.

Valentin : En tant que civil je n'ai pas le droit de porter de casque.

La Vendeuse : Maintenant il va falloir décider bientôt ce que vous voulez comme chapeau.

Valentin : Un chapeau neuf !

La Vendeuse : Nous n'en avons que des neufs.

Valentin : J'en veux justement un neuf.

La Vendeuse : Oui, mais de quel genre ?

Valentin : Un chapeau d'homme !

La Vendeuse : Nous ne faisons pas les chapeaux de femme !

Valentin : Je ne veux pas non plus de chapeau de femme!

76

La Vendeuse : Vous êtes très difficile à servir, je vais vous montrer plusieurs chapeaux !

Valentin : Comment ça plusieurs, mais je n'en veux qu'un seul. Je n'ai bel et bien qu'une tête.

La Vendeuse : C'est pour que vous ayez le choix que je vais vous en montrer plusieurs.

Valentin : Je ne veux pas un choix, je veux un chapeau qui m'aille !

La Vendeuse : Bien sûr qu'il faut qu'un chapeau aille, si vous me dites votre largeur de tête, je vous en trouverai bien un qui vous aille.

Valentin : Ma largeur de tête est largement pas aussi large que vous pensez ! Je fais cinquante-cinq de largeur de tête, mais je veux avoir un chapeau de taille soixante.

La Vendeuse : Dans ce cas le chapeau sera trop grand pour vous.

Valentin : Mais il tiendra bien ! Si j'en ai un plus petit de cinq tailles il va tomber.

La Vendeuse : Mais ça n'a pas de sens ; quand on a une largeur de tête de cinquante-cinq, il faut prendre aussi un chapeau de taille cinquante-cinq ! C'est comme ça depuis toujours.

Valentin : Depuis toujours ! — C'est bien ça qui est triste, que les commerçants soient accrochés aux vieux us et coutumes et n'aillent pas avec leur temps.

La Vendeuse : Mais qu'est-ce que la largeur du chapeau a à voir avec les temps nouveaux ?

Valentin : Permettez : les têtes des hommes ne restent pas toujours identiques, elles se transforment continuellement !

La Vendeuse : A l'intérieur — mais pas à l'extérieur ! Le problème est trop large.

Valentin : Vous vouliez justement savoir la largeur !

La Vendeuse : Pas celle des temps nouveaux, celle de votre tête.

Valentin : J'ai seulement voulu vous expliquer que les gens dans ce qu'on appelle le bon vieux temps avaient d'autres têtes qu'aujourd'hui.

La Vendeuse : C'est idiot — bien sûr chaque homme, depuis que dure l'humanité, a eu sa propre tête, toutefois nous ne parlons pas des singularités mais de la taille de votre tête. — Allons, faites donc comme je vous dis, prenez ce chapeau-là, taille cinquante-cinq, le chapeau coûte quinze marks, il est beau, il est bien, et en plus il est moderne.

Valentin : Bien sûr que je fais comme vous dites, parce que vous êtes du métier. Donc le chapeau est moderne dites-vous.

La Vendeuse : Enfin, que veut dire moderne aujour-d'hui ! Il y a des messieurs, qu'on appelle des originaux, qui, été comme hiver, sortent sans chapeau et qui affirment que c'est ce qu'il y a de plus moderne !

Valentin : Ah bon, ne pas porter de chapeau c'est ce qu'il y a de plus moderne ? Dans ce cas je ne m'en achète pas. Au revoir !

(1942)

CHEZ SCHAJA

La Vendeuse : Vous désirez ?

Valentin : Un Leica.

La Vendeuse : Malheureusement, nous n'en avons pas pour l'instant.

Valentin : Quand est-ce que vous en recevrez de nouveau?

La Vendeuse : Voyez dans quinze jours.

Valentin : Voir ? Je vois si mal. En outre j'habite à Planegg, à quinze kilomètres de Munich, et de si loin je ne vois pas.

La Vendeuse : Je veux dire, revenez dans quinze jours.

Valentin : Revenir, oui. Et là vous aurez reçu les Leicas?

La Vendeuse : Peut-être.

Valentin : Peut-être ? Mais je ne peux pas revenir peut-être, je reviens sûrement.

La Vendeuse : Sûrement ? Je ne peux naturellement pas garantir que dans quinze jours les Leicas seront sûrement arrivés.

Valentin : Alors ce n'est pas non plus nécessaire que je revienne dans quinze jours.

La Vendeuse : Vous pouvez aussi revenir plus tard.

Valentin : A quelle heure ?

La Vendeuse : Je veux dire, revenir huit jours plus tard.

Valentin : Donc dans trois semaines ?

La Vendeuse : Mais ça peut venir aussi plus tôt.

Valentin : Qui ? Moi ?

La Vendeuse : Non, les Leicas.

Valentin : Et moi seulement dans trois semaines ?

La Vendeuse : Non. Si les Leicas arrivent plus tôt, alors vous pourrez en avoir un plus tôt si nous en avons.

Valentin : Mais si je viens plus tôt et que vous n'en avez pas encore, est-ce qu'il faudra alors que je vienne un peu plus tard ?

La Vendeuse : Ça va de soi.

Valentin : Quand ?

La Vendeuse : C'est incertain.

Valentin : Et quand est-ce que ce serait certain alors ?

La Vendeuse : Dès qu'il y en aura.

Valentin : Pour l'instant vous n'en avez donc pas ?

La Vendeuse : Non.

Valentin : Ce que j'aurais préféré, c'est si maintenant j'avais pu en avoir un tout de suite, alors je n'aurais plus eu besoin de revenir du tout.

La Vendeuse : C'est aussi ce que j'aurais préféré que vous ne reveniez plus.

Valentin : Je ne dois plus revenir ?

La Vendeuse : Bien sûr que vous pouvez revenir, mais seulement quand nous aurons de nouveau des Leicas.

Valentin : Et quand est-ce que vous en aurez ?

La Vendeuse : Mais je vous l'ai déjà dit, voyez dans quinze jours.

Valentin : Voir ? Je vois si mal. En outre j'habite à Planegg, à quinze kilomètres de Munich, et de si loin je ne vois pas.

(Et ainsi de suite.)

(Vers 1947)

AMITIÉ VÉRITABLE

Valentin : Ah mais ça c'est une surprise pour moi ! Monsieur votre beau-frère, Lorenz, mon meilleur ami, est mort hier.

Karlstadt : Oui ! Oui ! — C'est allé vite ! Il aurait aussi bien pu vivre encore dix ou vingt ans.

Valentin : Oui aussi bien ! — Ah c'est que je l'ai beaucoup aimé — c'était quelqu'un de gentil — un de mes meilleurs amis — vraiment !

Karlstadt : Oui, il a souvent parlé de vous de son vivant et des frasques que vous avez faites ensemble.

Valentin : Hélas — je n'aurais pas cru que ce lien d'amitié se déchirerait si vite et si brusquement !

Karlstadt : Oui, personne n'y aurait cru si vite.

Valentin : Je ne peux vraiment pas encore bien me faire à l'idée que Lorenz — un si vaillant camarade — ait déjà dû nous quitter !

Karlstadt : C'est qu'il n'aurait pas dû boire tant ! C'est qu'il aimait beaucoup la bière.

Valentin : Hélas oui, s'il ne l'avait pas tant aimée, il n'aurait certainement pas tant bu. — Mais que ça aille si vite, c'est pas tout le monde qui l'aurait cru !

Karlstadt : Oui, c'est presque venu trop vite !

Valentin : Mais je peux le dire, j'ai beaucoup d'amis, mais mon meilleur ami était et reste Lorenz. Combien de fois m'a-t-il tiré du pétrin, alors que j'étais justement dans l'embarras ! « Lorenz » — ai-je dit,, « je suis en ce moment dans la gêne » : — déjà il m'avait glissé cinquante marks dans la main.

Karlstadt : C'est vrai, il était trop bon, trop bon !

Valentin : Voyez-vous, madame Oberberger, ça ce sont des amis, et il faut que des gens comme ça s'en aillent.

Karlstadt : Oui, — de ce point de vue il avait le cœur sur la main !

Valentin : C'était un homme qui a montré aux autres hommes ce qu'est un homme. Il a toujours été généreux !

Karlstadt : Oui — ça généreux, y a pas d'autre mot pour le dire ! A votre égard même très généreux — à ce qu'il m'a souvent dit.

Valentin : Une fois, alors que j'étais vraiment dans la mélasse — en ce temps là j'étais complètement dans la purée — et bien que lui-même n'ait pas été couché sur un lit de roses, il s'est porté garant pour moi de cinq cents marks. De toute éternité je n'oublierai pas ça de lui.

Karlstadt : Oui, — il était comme ça ! Il avait une âme noble, distributrice ! — Oui, ça il l'avait !

Valentin : Oui, ça il l'avait ! — Et maintenant il a dit adieu aux choses de ce monde, ce brave Lorenz !

Karlstadt : Les choses de ce monde, derrière lui — oui, ça on peut le dire.

Valentin : Il m'a souhaité toutes mes fêtes et tous mes anniversaires. Tenez, regardez, madame Oberberger, cet étui à cigarettes *(Il fait claquer le couvercle.)* me l'a également offert ! Cela restera un souvenir inoubliable !

Karlstadt : J'ai encore une photo chez moi où vous et Lorenz vous êtes dans les bras l'un de l'autre à la brasserie Salvator.

Valentin : Oui, — c'était toute une époque ! Pour mon

ami Lorenz je me serais jeté dans le feu n'importe quand — oui ! — Moi oui !!!

Karlstadt : J'en suis persuadée !

Valentin : Quand est-ce l'enterrement ?

Karlstadt : Dimanche à 3 heures !

Valentin : Dimanche à 3 heures — dommage, — il faut que j'aille aux courses à Daglfing — je ne peux malheureusement pas venir ! Et puis — on n'était pas parents en fait !

LA SOURIS

Elle : Tu sais la dernière ? Dans notre chambre à coucher, depuis une journée, il y a une souris.

Lui : Ah, pourquoi est-ce que tu laisses entrer une souris dans notre chambre à coucher ?

Elle : Balivernes, personne ne l'a laissée entrer, elle s'y sera glissée d'elle-même.

Lui : Glissée ?

Elle : Eh ben oui, elle ne s'y sera pas introduite en volant.

Lui : S'il s'agit d'une chauve-souris, il faut qu'elle vole ; pour être exact ça volette une chauve-souris volante — mais si dans notre cas il s'agit d'une vulgaire souris, pas chauve, alors c'est que la souris sera entrée à pied dans notre chambre à coucher ; ainsi donc, souris ou chauve-souris, voilà ce qu'il faut déterminer en premier lieu, pour savoir comment l'attraper, ainsi donc qu'est-ce que c'était comme souris ?

Elle : Mais moi je ne le sais pas, je ne l'ai pas vu la souris.

Lui : Ah, alors comment peux-tu affirmer qu'il y a une souris dans notre chambre à coucher ?

Elle : Ben, parce que je l'ai entendue.

Lui : Entendue ? Ah, mais ça n'est pas grave que tu entendes seulement une souris, parce qu'entendre une souris ça ne fait pas mal — ce qui fait mal c'est quand une souris mord.

84

Elle : Mais il se pourrait que la souris se glisse dans mon lit.

Lui : Ah ! Qui est-ce qui irait bien encore se glisser dans ton lit ?

Elle : Ne sois donc pas insolent ! Je veux dire, si la souris vient se glisser dans mon lit et me mord...

Lui : Dans ce cas la souris tu ne l'auras pas entendue mais tu l'auras sentie, et quand elle mord alors tu cries et tu m'appelles tout de suite. Alors j'arrive avec la grosse hache et je tue la souris. Mais si par hasard je n'étais pas encore rentré du bistrot laisse donc la souris ronger plus avant ton noble corps et remercie le destin que ça ne soit pas un tigre royal.

(1943)

SALETÉ DE RABOTEUSE

Madame Linsengerger : Dites-moi monsieur, s'il vous plaît, comment fait-on pour aller à l'atelier de menuiserie de Holzinger ?

Le Concierge : Dans la cour à droite ! Vous n'avez qu'a rentrer là où en entend le bruit de la raboteuse.

Madame Linsengerger : Merci bien, monsieur. *(Elle entre dans l'atelier de menuiserie. Le bruit des machines y est si fort qu'on a du mal à comprendre ses propres paroles.)* Bon. C'est bien vous le menuisier, mon nom est Walburga Linsenberger, c'est que mon fils est fiancé et va se marier dans deux mois, voilà ! et alors il faut que je demande ce que coûte chez vous une chambre à coucher, chêne clair, c'est-à-dire deux lits, — tables de nuits — deux chaises — un fauteuil — une armoire et une commode, mais le tout ce qu'il y a de plus moderne. Mais mon fils, Lorenz, pense qu'une chambre à coucher en chêne serait trop claire pour une chambre à coucher, il pense que l'acajou conviendrait mieux pour une chambre à coucher, mais l'acajou, je crois, est beaucoup plus cher que le chêne, moi et mon mari pensons aussi que le chêne serait plus avantageux parce que c'est plus clair, mais ma bru pense quant à elle, que le chêne est trop quotidien, que ça ne se fait plus aujourd'hui et que l'acajou c'est tout de même de l'acajou et qui plus est plus original, parce que c'est pas salissant comme le chêne. Lorsque, nous, nous nous sommes mariés autrefois nous nous sommes fait faire une chambre à coucher en noyer et ces meubles on les a encore *aujourd'hui,* ils se sont merveilleusement conservés, mais le noyer c'est finalement tout aussi cher que l'acajou — le palissandre bien sûr serait encore plus beau, mais le palissandre sera sans doute trop cher, et c'est pourquoi je dois demander quels sont les prix et si vous devez d'abord fabriquer les meubles, ou bien si vous avez des chambres à coucher en magasin, dans ce cas je pourrais venir ces jours-ci avec mon fils pour visiter.

Le Menuisier : Oh là là, madame, je n'ai pas bien compris ce que vous voulez, il faut d'abord que j'arrête la raboteuse, sinon je ne comprends rien. *(Il arrête la raboteuse.)* Bon, eh bien, qu'est-ce que vous voulez au juste ?

Madame Linsenberger : Oui, je viens justement de vous le dire... c'est que mon fils est fiancé et va se marier dans deux mois, voilà ! et alors il faut que je demande, ce que coûte chez vous une chambre à coucher, chêne clair, c'est-à-dire deux lits, — tables de nuits — deux chaises — un fauteuil — une armoire et une commode, mais le tout ce qu'il y a de plus moderne. Mais mon fils, Lorenz, pense qu'une chambre à coucher en chêne serait trop claire pour une chambre à coucher, il pense que l'acajou conviendrait mieux pour une chambre à coucher, mais l'acajou, je crois, est beaucoup plus cher que le chêne, moi et mon mari pensons aussi que le chêne serait plus avantageux parce que c'est plus clair, mais ma bru pense quant à elle, que le chêne est trop quotidien, que ça ne se fait plus aujourd'hui et que l'acajou c'est tout de même de l'acajou et qui plus est plus original, parce que c'est pas salissant comme le chêne. Lorsque, nous, nous nous sommes mariés autrefois nous nous sommes fait faire une chambre à coucher en noyer et ces meubles on les a encore *aujourd'hui,* ils se sont merveilleusement conservés, mais le noyer c'est finalement tout aussi cher que l'acajou — le palissandre bien sûr serait encore plus beau, mais le palissandre sera sans doute trop cher, et c'est pourquoi je dois demander quels sont les prix et si vous devez d'abord fabriquer les meubles, ou bien si vous avez des chambres à coucher en magasin, dans ce cas je pourrais venir ces jours-ci avec mon fils pour visiter.

Le Menuisier : Ah, ma bonne dame, ici vous êtes à la mauvaise adresse, il faut que vous alliez chez un menuisier *ébéniste*, ici c'est un menuisier charpentier.

BRUITS

(Valentin est assis au restaurant et mange une soupe bruyamment.)

Monsieur Zissbideldip : Ah là là là, c'est incroyable ; si vous n'êtes pas capable de manger en faisant moins de bruit, alors à l'avenir bouffez chez vous, pas au restaurant.

Valentin : Je ne demanderais pas mieux mais ma femme ne peut pas supporter la mastication, la déglutition et tous les autres bruits du repas.

Monsieur Zissbideldip : Ah bon, votre femme ne peut pas supporter ça ; mais les étrangers au restaurant, qui sont assis à côté de vous, eux sont obligés de le supporter.

Valentin : Ils ne sont pas obligés — ils n'ont qu'à ne pas s'asseoir autour de moi.

Monsieur Zissbideldip : Mais s'il n'y a plus de places ailleurs ?

Valentin : Alors oui ! — Vous êtes vraiment un homme susceptible ! Vous allez tout de même bien dans la rue ; là vous entendez le bruit de la rue, les autos pétaradent, là-haut dans les airs vrombissent les avions...

Monsieur Zissbideldip : Vous n'allez tout de même pas comparer le bruit d'un moteur d'avion avec votre mastication !

Valentin : Bien sûr que non ! C'est mille fois plus fort ! — Alors, vous voyez bien comme vous êtes capricieux ! Les avions et le bruit de la rue ne vous irritent pas mais mon petit mouvement de bouche en mangeant vous rend nerveux !

Monsieur Zissbideldip : Un moteur d'avion vrombrit ; c'est un bruit mécanique parce qu'il est produit par une machine.

Valentin : C'est exact. Mais vous ne pouvez pas exiger de moi que je vrombisse en mangeant ; cela m'est impossible — pas même si je consommais une hélice ! — vous êtes vraiment un homme susceptible pour ce qui est des bruits ! Tenez — vous venez d'entendre ! Le monsieur là-bas s'est mouché ! Pourquoi est-ce que vous ne vous plaignez pas de ce bruit du nez ?

Monsieur Zissbideldip : Mais, je ne peux tout de même pas interdire à ce monsieur de se moucher !

Valentin : Ah bon, ça vous ne pouvez pas ! Mais à moi vous voulez m'interdire de manger !

Monsieur Zissbideldip : Pas de manger ! — Votre mastication m'a irrité, et ce à juste titre !

Valentin *(éternue).*

Monsieur Zissbideldip : A vos souhaits ! Santé ! Dieu vous garde !

Valentin : Où voulez-vous en venir avec cette remarque idiote ?

Monsieur Zissbideldip : Eh bien, quand quelqu'un éternue, on dit à celui qui a éternué, santé !

Valentin : Là je trouve ça très curieux ! Pour un bruit de nez, qui d'ailleurs n'est pas très hygiénique, vous dites : santé ! Et la mastication en mangeant vous irrite.

Monsieur Zissbideldip *(a un hoquet)***:** Houp ! Pardon !

Valentin : Qu'est-ce que je dois pardonner ?

Monsieur Zissbideldip : Houp ! Vous devez me pardonner parce que j'ai eu un hoquet.

Valentin : Hoquetez tant que vous voulez ; je ne suis

tout de même pas aussi puéril que vous au point d'être
irrité par votre hoquet.

(Il laisse échapper ce qu'on a coutume d'appeler un rot.)

Monsieur Zissbideldip : Mais enfin, tout y passe !
Tenez-vous donc correctement à table !

Valentin : Mais votre hoquet ne m'a pas irrité, moi.
Qu'est-ce que j'y peux si j'ai l'estomac ballonné, ce
n'est jamais que de l'air en trop !

Monsieur Zissbideldip : Laissez votre air se répandre
où vous voulez, mais pas en ma présence ; souvenez-vous
en à l'avenir.

(1941)

DISTRAITS

Valentin : Ah, mais on se connaît, madame... eh bien, voilà que je ne sais plus votre nom.

Karlstadt : Ça, ça vous ressemble. Nous avons pourtant habité si longtemps dans la même maison rue machin...

Valentin : Oui, c'est ça, bien sûr, bien sûr, vous êtes madame Schweighofer !

Karlstadt : Non, non, pas du tout, un nom très très court...

Valentin : Maintenant j'y suis : madame Lang !

Karlstadt : Non, non, voyons c'est un nom court !
— Je pourrais bien vous le dire.

Valentin : Madame Mayerhofer !

Karlstadt : Oui, exactement ! Et vous, vous êtes monsieur Hofmayer !

Valentin : Oui, c'est ça ! Vous vous souvenez encore qu'au début nous confondions toujours nos deux noms ?
— Oui, oui, madame Mayerhofer, ça tombe bien que je vous rencontre, je voulais vous dire quelque chose d'important et voilà que maintenant justement je ne sais pas ce que... mais qu'est-ce que c'était ?

Karlstadt : A moi aussi ça m'arrive souvent !

Valentin : Mais qu'est-ce que c'était donc ? — Hm hm hm, merde alors !

Karlstadt : C'est une question d'affaire ?

Valentin : Non, non, c'était... puisque je me disais

92

encore justement, il faut que je vous le dise si je vous rencontre.

Karlstadt : Oui, mon dieu, c'est qu'on devient plus vieux et avec ça plus distrait.

Valentin : C'est bien vrai ! — Mais qu'est-ce que je voulais donc dire ? ! — Ça ne me revient plus.

Karlstadt : Ça m'arrive à moi aussi. J'étais hier à eh bien voyons voyons — où est-ce que c'était déjà ?! A...

Valentin : La maison ?

Karlstadt : Non, non, à la maison là je n'y étais pas, à eh bien voyons, dites-le moi donc !

Valentin : Je n'ai pas la moindre idée d'où vous étiez.

Karlstadt : Oui, je veux bien croire que vous ne le savez pas, moi-même je ne le sais pas ! A... enfin, c'est secondaire — et j'y étais pour affaires ; je devais... je devais...

Valentin : C'est exactement la même chose qui m'arrive tout le temps, souvent chez moi je passe dans l'autre pièce, et quand j'y suis je ne sais plus ce que je voulais.

Karlstadt : Une fois je suis allé chez un médecin à cause de ma distraction, et alors que j'étais chez le médecin et qu'il me demandait ce qui n'allait pas — vous croyez que ça me serait revenu ! — J'ai complètement oublié que j'étais venue chez lui à cause de ma distraction.

Valentin : Il faut tout noter, alors on n'oublie pas.

Karlstadt : Ça aussi, j'ai déjà essayé — mais je ne peux pas !

Valentin : Pourquoi pas ?

Karlstadt : Parce que j'oublie toujours d'emmener un crayon et un morceau de papier.

Valentin : Une fois il y a une chose que je n'ai pas

oubliée. J'ai voulu me souvenir d'une chose importante, alors je me suis dit : ah, ça ne sert absolument à rien de vouloir se souvenir de quelque chose parce que de toute façon je l'oublierai ! — Et qu'est-ce que vous croyez ? — Je m'en suis souvenu !

Karlstadt : Ah, et qu'est-ce que c'était ?

Valentin : Maintenant je ne sais plus !

(1940)

La fabrication de cet ouvrage
a été réalisée
par Centre Imprimerie Avenir, 58000 NEVERS

———

Achevé d'imprimer en avril 1985
N° d'impression 235
Dépôt légal 2e trimestre 1985

IMPRIMÉ EN FRANCE

BON DE COMMANDE ET D'ABONNEMENT
COLLECTION THEATRALES

BON DE COMMANDE A RETOURNER A EDILIG, 3, rue Récamier - 75341 PARIS CEDEX 07

Mlle ☐

Mme ☐   **NOM** └─────┘   **Prénom** └─────┘

M. ☐

     N° └──┘ **rue** └─────┘   **Code Postal** └─────┘

Ville └─────────┘ **Pays** (pour l'étranger) └─────┘

☐ **Je m'ABONNE à la Collection Théâtrales**
   Je recevrai rapidement les 3 derniers volumes. Je recevrai ensuite
   2 volumes à paraître chaque trimestre. Paiement à réception des factures.

☐ **Je COMMANDE en plus**
☐ les 9 premiers volumes au prix exceptionnel de 210 F
   au lieu de 263 F ....F
☐ les 9 volumes suivants au prix exceptionnel de 300 F
   au lieu de 371 F ....F

28F× .... exemplaire(s) du n° 1 « LE BASTRINGUE » ....F
28F× .... exemplaire(s) du n° 2 « REGARDE LES FEMMES PASSER » ... .F
28F× .... exemplaire(s) du n° 3 « JAKOB LE MENTEUR » ....F
28F× .... exemplaire(s) du n° 4 « L'ETRANGER DANS LA MAISON »....F
28F× .... exemplaire(s) du n° 5 « CONVERSATION CHEZ LES STEIN » ......F
28F× .... exemplaire(s) du n° 6 « LE VENT ET LE MENDIANT » ......F
28F× .... exemplaire(s) du n° 7 « HONOREE PAR UN PETIT MONUMENT » ..F
35F× .... exemplaire(s) du n° 8 « RESTER PARTIR (Temboctou) » ....F
32F× .... exemplaire(s) du n° 9 « EUPHORIC POUBELLE » ....F
32F× .... exemplaire(s) du n° 10 « LE CHANTIER » ....F
32F× .... exemplaire(s) du n° 11 « ENTRE CHIEN ET LOUP » ....F
32F× .... exemplaire(s) du n° 12 « AGATHE » ....F
42F× .... exemplaire(s) du n° 13 « BERLIN TON DANSEUR EST LA MORT » ...F
42F× .... exemplaire(s) du n° 14 « HOTEL DE L'HOMME SAUVAGE » ....F
42F× .... exemplaire(s) du n° 15 «DERNIERES NOUVELLES DE LA PESTE» ...F
42F× .... exemplaire(s) du n° 16 « ERZEBETH » ....F
42F× .... exemplaire(s) du n° 17 «PORTRAIT DE FAMILLE» ....F
65F× .... exemplaire(s) du n° 18 «LES NOCES» ....F
38F× .... exemplaire(s) du n° 19 «QUAND SPEEDOUX D'ENDORT» ....F
42F× .... exemplaire(s) du n° 20 «PASSAGERES» ....F
32F× .... exemplaire(s) du n° 21 « SARCASME » ....F
42F× .... exemplaire(s) du n° 22 «LA SORTIE AU THEATRE» ....F
38F× .... exemplaire(s) du n° 23 «FIN D'ETE A BACCARAT» ....F
42F× .... exemplaire(s) du n° 24 «LA COMEDIE DES FEMMES» ....F
62F× .... exemplaire(s) du n° 25 «LE BAISER DE LA VEUVE» ....F
42F× .... exemplaire(s) du n° 26 « VOYAGER » ....F
46F× .... exemplaire(s) du n° 27 «LE FILS» «ATTENTAT MEURTRIER» . ....F
46F× .... exemplaire(s) du n° 28 « ÉVÉNEMENTS REGRETTABLES » ... .F
46F× .... exemplaire(s) du n° 29 « VOL EN PIQUÉ DANS LA SALLE » ....F

Pour un total de ....F
que je règle par chèque joint à la commande.

A ...., le ....
Signature :

☐ *Mettre une croix dans les cases correspondant à votre choix.*
.... *Inscrire le nombre d'exemplaires désiré.*